U0634797

现代财务会计及其会计信息化研究

魏　攀　李欣欣　刘丽霞　著

中国商务出版社
CHINA COMMERCE AND TRADE PRESS

图书在版编目（CIP）数据

现代财务会计及其会计信息化研究 / 魏攀, 李欣欣,
刘丽霞著. -- 北京 : 中国商务出版社, 2021.9 （2023.3重印）

ISBN 978-7-5103-4005-5

Ⅰ. ①现… Ⅱ. ①魏… ②李… ③刘… Ⅲ. ①财务会
计—会计信息—财务管理系统—研究 Ⅳ. ①F232

中国版本图书馆CIP数据核字(2021)第203232号

现代财务会计及其会计信息化研究
XIANDAI CAIWU KUAIJI JIQI KUAIJI XINXIHUA YANJIU
魏　攀　李欣欣　刘丽霞　著

出版发行：中国商务出版社

地　　址：北京市东城区安定门外大街东后巷28号　　邮政编码：100710

网　　址：http://www.cctpress.com

电　　话：010-64212247（总编室）　　010-64515164（事业部）
　　　　　010-64208388（发行部）

印　　刷：河北赛文印刷有限公司

开　　本：787毫米×1092毫米　　1/16

印　　张：10.5

版　　次：2021年12月第1版　　印　　次：2023年3月第2 次印刷

字　　数：228千字　　定　　价：55.00元

前　言

　　财务会计是现代会计的重要组成部分，是会计学专业的核心课程。随着计算机网络技术的发展，会计信息化已经成为企业提高自身核心竞争力、保持竞争优势的重要手段。会计信息化是企业信息化的重要组成部分，是会计发展的必然趋势。纵观多年来中国会计信息化的发展，虽然信息系统的功能不断增强，应用也越来越普及，尤其是大、中型企业目前已不同程度地实现了会计信息化，应用了核算型会计软件，但从总体来看，中国会计信息化还处在发展过程中，存在着诸多亟待解决的问题。

　　首先，会计与经济活动有着十分密切的联系，它利用财务报表的形式与外界进行着信息交换，向各种财务信息使用者提供具有相关性和可靠性的信息以供其决策。最初的会计是用手工记账，后来产生了会计电算化，使会计信息在及时性、完整性和可靠性方面取得了很大进步。但是在以互联网技术为核心的信息技术浪潮席卷全球、网络经济快速发展的今天，会计电算化也日益显出了它的不足，取而代之的则是会计信息化的到来。

　　其次，现代财务分析与会计信息化是现代会计和信息技术相结合的产物，对相应的会计人员、管理人员的素质要求大大提高，不仅要求他们要具有较高的会计业务处理技能和管理能力，而且还要精通计算机网络知识、计算机的基本维护技能以及解决实际工作中各种问题的能力。从我国人才供给调查报告来看我国中低层财会人才供给饱和，甚至过剩，而高尖端信息技术与会计相结合的专业人才却极度缺乏，供不应求。

　　最后，我国现代财务分析与会计信息化应用中存在很多问题。比如，信息化程度不够，会计工作的组织及会计信息系统操作和运用大都由财务部门一手把持，财务部门与企业外部社会成员和企业内部其他部门之间缺乏紧密联系，不能进行必要的信息传递；人才缺乏，在各行业会计领域手工记账人才比比皆是，而真正能够把现代信息技术引入会计界满足会计信息化需要推动会计信息化发展的人才却十分欠缺。

　　实现现代财务分析与会计信息化是企业管理信息化、科学化的重要标志，是推动现代化科技管理信息化的必要途径。随着经济环境的变化和信息技术的日益更新，企业会计信息化也将不断发展。只有在实施会计信息化过程中不断探索，及时发现和解决遇到的困难与问题，认真分析、总结经验，才能有效保证会计信息化的工作质量、不断提高会计信息化水平，为企业的发展提供有力的保障。

　　本书遵循理论与实务相结合、案例和上机练习相结合的原则，既注重会计信息系统的基础理论和基本知识的讲解，又注重软件的实际操作和对会计信息系统管理工作的介绍，章节内容包括现代财务会计的基本理论、会计信息化系统概述与会计软件基本应用、账务处理软件运行的基本过程、会计报表软件运行的基本过程、工资软件运行的基本过程、固定资产软件运行的基本过程、财务会计信息化后的管理与维护以及会计信息化发展的要求与趋势。

　　本书针对财经类专业所需会计信息化技能编写，以新会计准则为依据，将最新的会计知识融合于财务软件，内容新颖、全面，实用性强，使读者便于掌握会计实际操作技能。由于笔者水平有限，书中难免有不当和疏漏之处，敬请读者批评指正。

作　者

2021 年 6 月

目　　录

第一章 现代财务会计的基本理论

第一节 会计理论的功能、性质与重要性

一、会计理论的功能

由于理论是对现实的抽象和简化，而现实世界不但错综复杂且日新月异，因此完美无缺的会计理论实际上是不存在的。人们对会计理论加以选择的一个重要标准就是会计理论所能解释和预测会计实务的范围及其对使用者的改进。

对会计理论的作用或功能的认识，有两种不同的观点，其中规范会计研究者认为会计理论的作用在于解释、预测和指导会计实务；而实证研究者认为理论的作用仅限于解释和预测。

规范研究学派的观点可以从美国会计学会对会计理论研究的目的中发现：确定会计的范围，以便定义会计的概念，并有可能发展会计理论；建立会计准则来判断评价会计信息；指明会计实务中有可能改进的某些方面；为会计研究人员寻求扩大会计应用范围以及由于社会发展的需要扩展会计学科范围时提供一个有用的框架。

实证研究对会计理论的认识，在瓦茨和齐默尔曼（Wattsand Zimmerman）合著的《会计理论的供求：一个借口市场》中集中体现为三个方面：

一是教学需要。通常不同的会计政策会产生不同的经济后果，为了降低企业的代理成本，需要设计不同的会计政策和会计程序，但是，程序的多样化会导致技术、格式上的不一致，增加了教学的难度，因此理论工作者往往从评价和检查现存的会计系统中总结不同程序的相似性和差别来发展会计理论。

二是信息需要。会计理论的作用不限于对会计实务的解释和描述，还包括预测会计程序对不同利益相关者的影响。例如，在审计契约中，注册会计师往往需要会计理论去对不同的会计程序可能导致的代理成本、审计风险以及诉讼可能性进行评估。

三是辩解需要。按照代理理论，委托方和代理方的目标函数往往并不一致，前者以追求利润为首要目的，而后者除了希望公司货币收益最大化，还希望有较多的闲暇舒适的环境、带薪休假，甚至缔造个人的经理帝国。所以不能排除代理方存在牺牲委托方的利益来

追求个人利益的行为。会计理论的存在，可以使审计人员充分了解企业管理当局操纵盈余的经济后果，提升审计人员的业务技能，而且可使审计人员有充足的理由去抵制管理当局的盈余操纵行为。

概括地说，西方会计学者普遍认为会计理论的作用主要包括两方面：一是解释现存的会计实务；二是预测或指导未来的会计实务。或者说，建立会计理论的意图是对现行的惯例进行论证和批判，而会计理论形成的主要动力来自必须对会计所做或期望要做之事提供证据。然而，会计理论又要接受会计实务的验证，所以，美国会计学家贝克奥伊（Belkaoui）认为："某种给定的会计理论应能解释和预测会计现象，但当这些会计现象出现时，它们又反过来验证理论。"美国会计学家亨利·沃尔克（Harry I. Wolk）强调理论的作用主要在于解释和预测不同事物或现象之间的关系。他认为，会计理论对会计实务的作用主要是通过会计理论对于会计政策选择（也即准则制定）的影响而得以实现。

国内学者魏明海总结了会计理论的三种基本功能。

（一）信息传递和经验总结功能

作为会计理论，包含关于现实存在会计实务的信息知识和对该项实务活动的描述，起信息收集传播和经验归纳总结的效用。

（二）解释和评价功能

为什么现存的会计实务会被采用？为何以及如何产生？实效如何？这些问题都可借助会计理论给予回答。所谓"解释"是指会计理论为现存的会计实务说明其理由。这是会计理论指导会计实务作用的具体体现。人们之所以研究会计理论，一个重要方面就是要对现存的会计实务做出合理的解释，以说明对某项交易之所以采用这种方法和程序，而不采用其他方法和程序的理由，从而为现存会计实务提供理论依据。

（三）预见和实践功能

会计理论不只是解释会计实务在一定时期内如何进行，产生何种作用，而且还要预见会计实务中将要产生的新现象和新问题，并预测会计实务的发展趋势和前景。所谓"预见"是指会计理论能对未来可能发生的新的会计实务进行预测或指导，对会计人员期望所做之事提供理论依据。在众多尚未制定出会计规范的领域中，利用会计理论的指导制定会计准则和制度在内的各种规范，以解决实务中的新问题。

我国目前正处在向市场经济转型的关键时期，会计理论面临新的发展机遇，会计理论研究空前活跃，会计改革涌现出来的新情况、新问题，迫切需要会计理论适时做出科学的解释与指导。制定适合中国市场经济特色的会计法规、会计政策、会计准则，也需要会计理论研究作为坚强的后盾。因此，我国会计理论研究，除了发挥信息需要、教学需要和政策支持功能外，还应积极吸收发达国家的先进会计理念、会计理论和会计方法，为我国会计改革服务，促进我国的经济发展和经济体制进一步完善。

二、会计理论的性质

会计理论的目标是解释和预测会计实务。我们给会计实务下的定义较为广泛，由于会计的性质和发展与审计紧密相关，审计实务也被视作会计实务的组成部分。

解释是指为观察到的实务提供理由。譬如，会计理论应当解释为什么有些公司在存货计价时采用后进先出法，而不是先进先出法。

预测则是指会计理论能够预计未观察到的会计现象。未观察到的会计现象未必就是未来现象，它们包括那些已经发生、但尚未收集到与其有关的系统证据的现象。例如，会计理论应能够针对采用后进先出法公司与采用先进先出法公司的不同特征提出假想。这类预测可以利用历史数据对采用这两种方法的公司的属性加以验证。

上述理论观点直接或间接构成了经济学上大部分以经验为依据的研究基础，它也是科学上广为采用的理论观点。

三、会计理论的重要性

许多人都必须做出与对外会计报告有关的决策。公司管理人员必须决定采用何种会计程序来计算对外报告中的有关数据，例如，他们必须决定是采用直线法还是采用加速法来计算折旧；管理人员必须向会计准则制定机构陈述意见；管理人员必须决定何时陈述意见，赞成或反对哪种程序；最后，管理人员还必须选聘一个审计事务所。

注册会计师经常应管理人员的要求就对外报告应采用何种会计程序提出建议。此外，注册会计师自己也必须决定是否对提议中的会计准则进行表态，如果要表态的话，应持何种立场。

信贷机构（如银行与保险公司）的负责人也必须对采用不同会计程序对公司的资信进行评比。作为债权人或投资者，他们在做出贷款或投资决策之前，必须对不同会计程序的含义加以权衡。此外，贷款协议一般都附有以会计数据为依据的、公司必须遵循的条款，否则贷款将被取消，信贷机构的负责人必须规定贷款协议中的有关数据应采用何种会计程序（如果有的话）来计算。

投资者和受雇于经纪人事务所、养老金、基金会以及诸如此类机构的财务分析专家也必须分析会计数据，作为他们投资决策的依据之一。具体地说，他们必须对采用不同会计程序和聘请不同审计师的公司的投资进行评价。与注册会计师和公司经理人员一样，财务分析专家也必须对潜在的会计准则陈述自己的意见。

最后，会计准则制定机构，如财务会计准则委员会和证券交易委员会的成员负责制定会计准则。他们必须决定何种会计程序应予认可，据以限制各个公司可供使用的会计程序。他们还必须决定公司对外报告的频率（如月、季、半年或年度）和必须加以审计的内容。

我们假定所有这些团体在对会计和审计程序做出选择或提出建议时，都是为了尽可能维护其自身的利益（即他们的预期效用）。为了做出有关会计报告的决策，这些团体或个人都需要了解备选报告对其利益的影响程度。例如，在选择折旧方法时，公司管理人员需要分别了解直线折旧法与加速折旧法对其自身利益的影响状况。如果公司管理人员的利益依赖于公司的市场价值（通过优先认股计划、贷款协议和其他机制加以表现），那么公司管理人员就希望了解会计决策对股票和债券价格的影响。因此，管理人员需要一种能够解释会计报告与股票、债券价格之间的相互关系的理论。

股票和债券的价格并不是进行会计报告决策借以影响个人利益的唯一变量，证券交易委员会的成员还关注国会议员对会计准则的态度，因为国会议员的态度影响着证券交易委员会的预算，以及证券交易委员会成员所能控制的资源。

要确定会计报告决策与影响个人利益的变量之间的关系相当困难。会计程序与证券市场价值的关系错综复杂，不能单纯地通过观察会计程序变化时证券价格的变化来加以确定。同样地，备选会计程序和备选报告以及审计方法对债券价格、证券交易委员会的预算和会计实务的影响也相当复杂，不能仅仅依靠观察予以确定。

注册会计师或公司管理人员也许会观察到会计程序变化与证券价格变化等变量之间存在着联系，但却无法断定这种联系是否属于因果关系。证券价格的变化可能不是由于程序变化所引起的；也就是说，这两种变化都可能是其他事项发生变化的结果。在这种情况下，会计程序变化并不一定导致证券价格的变化。为了做出合乎因果逻辑的解释，实务工作者需要一种能解释变量之间相互联系的理论。这种理论能够使实务工作者把因果关系与某个特定变量（如程序的变化）联系起来。

当然，根据其自身的经验，注册会计师、信贷机构等团体的负责人也可建立一套含蓄的理论，并在决策时用以评估不同会计程序或会计程序变化的影响。然而，这些理论受到实务工作者特定经历的限制。这种限制可能导致实务工作者形成的理论类似于小孩由于观察到滑稽剧的演员一般又老又秃而得出滑稽剧使人变老的结论。采用大量观测值进行结构严谨的经验性检验，研究人员可建立一种比小孩之见更具有说服力和预测力的关于解释现实世界的理论。总之，研究人员应能够提供更有助于决策者尽可能增大其利益的理论。

第二节　财务会计的职责与工作流程

财务会计的职责主要是对企业已经发生的交易或信息事项，通过确认、计量、记录和报告等程序进行加工处理，并借助于以财务报表为主要内容的财务报告形式，向企业外部的利益集团（政府机构、企业投资者和债权人等）及企业管理者提供以财务信息为主的经济信息。这种信息是以货币作为主要计量尺度并结合文字说明来表述的，它反映了企业过去的资金运动或经济活动历史。图 1-1 显示了会计的大致工作流程。

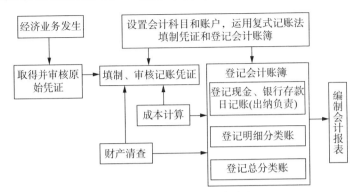

图 1-1　财务会计的工作流程

一、设置会计科目

所谓会计科目，就是对会计对象的具体内容进行分类核算的项目。按其所提供信息的详细程度及其统驭关系不同，会计科目又分为总分类科目（或称一级科目）和明细分类科目。前者是对会计要素具体内容进行总括分类，提供总括信息的会计科目，如"应收账款""原材料"等科目；后者是对总分类科目做进一步分类，提供更详细更具体的会计信息科目，如"应收账款"科目按债务人名称设置明细科目，反映应收账款的具体对象。

会计科目是复式记账和编制记账凭证的基础。我国现行的统一会计制度中对企业设置的会计科目做出了明确规定，以保证不同企业对外提供的会计信息的可比性。一般来讲，一级科目应严格按照《企业会计准则—应用指南》中的内容设置，明细科目可参照设置。

设置会计科目就是在设计会计制度时事先规定这些项目，然后根据它们在账簿中开立相关账户（针对部分科目），并分类、连续地记录各项经济业务，反映由于各项经济业务的发生而引起各会计要素的增减变动情况。

会计科目与账户的关系：账户是根据会计科目设置的，具有一定格式和结构，用于分类反映会计要素增减变动情况及其结果的载体。实际上，账户就是根据会计科目在会计账簿中的账页上开设的户头，以反映某类会计要素的增减变化及其结果，如图 1-2 所示。

会计科目的设置原则主要包括：合法性原则，应当符合国家统一会计制度的规定；相关性原则，应为提供有关各方所需要的会计信息服务，满足对外报告与对内管理的要求；实用性原则，应符合企业自身特点，满足企业实际需要。

设置会计科目主要包括两项工作，一是设计会计科目表，以解决会计科目的名称确定、分类排列、科目编号问题；二是编写会计科目使用说明，其内容主要包括各个会计科目的核算内容、核算范围与核算方法，明细科目的设置依据及具体明细科目设置，所核算内容的会计确认条件及时间和会计计量的有关规定，对涉及该科目的主要业务账务处理进行举例说明，以便会计人员据此准确地处理会计业务。

账户名

登记总账日期

原材料总分类账

根据记账凭证填制金额

20×× 月	 日	凭证 字	 号	摘要	借	贷	借或贷	余额
6	1			期初余额			借	60 000
	2	付	1	购进A材料	10 000			
	15	转	3	生产领用材料		20 000		
	25	转	8	车间一般领用		10 000		
	30			本月合计	10 000	30 000	借	40 000

填制收、付、转凭证的类型和编号

简要叙述业务内容

根据账户性质填列余额方向

计算余额

图 1-2 账户结构

二、复式记账

复式记账是与单式记账相对称的一种记账方法。这种记账方法的特点是对每一项经济业务都要以相等的金额，同时记入两个或两个以上的有关账户。通过账户的对应关系，可以了解有关经济业务内容的来龙去脉；通过账户的平衡关系，可以检查有关业务的记录是否正确。

复式记账法的类型主要有借贷记账法、收付记账法和增减记账法，但我国和大多数国家都只使用借贷记账法。该记账方法的特点如下：

（1）使用借贷记账法时，账户被分为资产（包括费用）类和负债及所有者权益（包括收入与利润）类两大类别。

（2）借贷记账法以“借”“贷”为记账符号，以“资产＝负债+所有者权益”为理论依据，以“有借必有贷，借贷必相等”为记账规则。

（3）借贷记账法的账户基本结构分为左、右两方，左方称之为借方，右方称为贷方。在账户借方记录的经济业务称为“借记某账户”，在账户贷方记录的经济业务称为“贷记某账户”。至于借方和贷方究竟哪一方用来记录金额的增加，哪一方用来记录金额的减少，则要根据账户的性质来决定。

资产类账户的借方登记增加额，贷方登记减少额；负债及所有者权益类账户的贷方登记增加额，借方登记减少额。

（4）账户余额一般在增加方，例如，资产类账户余额一般为借方余额，负债类账户余额一般为贷方余额。资产类账户的期末余额公式为：期末借方余额二期初借方余额+本期借方发生额-本期贷方发生额；负债及所有者权益类账户的期末余额公式为：期末贷方余额＝期初贷方余额+本期贷方发生额-本期借方发生额。

（5）为了检查所有账户记录是否正确，可进行试算平衡。这里有两种方法，一是发生额试算平衡法，其公式为：全部账户本期借方发生额合计＝全部账户本期贷方发生额合计；二是余额试算平衡法，其公式为：全部账户的借方期初余额合计＝全部账户的贷方期初余额合计，全部账户的借方期末余额合计＝全部账户的贷方期末余额合计。

三、填制和审核凭证

会计凭证是记录经济业务、明确经济责任的书面证明，是登记账簿的依据。凭证必须经过会计部门和有关部门审核，只有经过审核并正确无误的会计凭证才能作为记账的根据。

四、登记账簿

账簿是用来全面、连续、系统记录各项经济业务的簿籍，是保存会计数据、资料的重要工具。登记账簿就是将会计凭证记录的经济业务，序时、分类记入有关簿籍中设置的各个账户。登记账簿必须以凭证为依据，并定期进行结账、对账，以便为编制会计报表提供完整、系统的会计数据。

五、成本计算

成本计算是指在生产经营过程中，按照一定对象归集和分配发生的各种费用支出，以确定该对象的总成本和单位成本的一种专门方法。通过成本计算，可以确定材料的采购成本、产品的生产成本和销售成本，可以反映和监督生产经营过程中发生的各项费用是否节约或超支，并据此确定企业经营盈亏。

六、财产清查

财产清查是指通过盘点实物、核对账目，保持账实相符的一种方法。通过财产清查，可以查明各项财产物资和货币资金的保管和使用情况，以及往来款项的结算情况，监督各类财产物资的安全与合理使用。如在清查中发现财产物资和货币资金的实有数与账面结存数额不一致，应及时查明原因，通过一定审批手续进行处理，并调整账簿记录，使账面数额与实存数额保持一致，以保证会计核算资料的正确性和真实性。

七、编制会计报表

会计报表是根据账簿记录定期编制的、总括反映企业和行政事业单位特定时点（月末、季末、年末）和一定时期（月、季、年）财务状况、经营成果以及成本费用等的书面文件。主要的财务报表包括资产负债表、利润表和现金流量表。

第三节　会计凭证、会计账簿与会计报表的基本情况

在会计核算方法体系中，就其工作程序和工作过程来说，主要是三个环节：填制和审核凭证、登记账簿和编制会计报表，如图1-3所示。在一个会计期间所发生的经济业务，都要通过这三个环节进行会计处理，从而将大量的经济业务转换为系统的会计信息。这个转换过程，即从填制和审核凭证到登记账簿，直至编出会计报表周而复始的变化过程，就是一般称谓的会计循环。

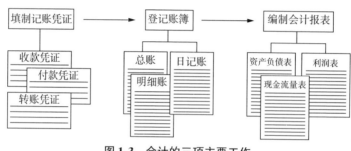

图1-3　会计的三项主要工作

一、会计凭证

会计凭证是记录经济业务、明确经济责任、按一定格式编制的据以登记会计账簿的书面证明。

会计凭证分为原始凭证和记账凭证，前者是在经济业务最初发生之时即行填制的原始书面证明，如销货发票、款项收据等；后者是以原始凭证为依据，对原始凭证进行归类整理，并编制会计分录的凭证，它还是记入账簿内各个分类账户的书面证明，如收款凭证、付款凭证、转账凭证等。

会计分录是指对某项经济业务标明其应借应贷账户及其金额的记录，简称分录。会计分录的三个要素分别是：应记账户名称、应记账户方向（借或贷）和应记金额。会计分录的步骤包括四步：分析经济业务事项涉及的会计要素；确定涉及的账户；确定所记账户的方向；确定应借应贷账户是否正确，借贷金额是否相等。

收款凭证和付款凭证是用来记录货币收付业务的凭证，它们既是登记现金日记账、银行存款日记账、明细分类账及总分类账等账簿的依据，也是出纳人员收、付款项的依据。

出纳人员不能依据现金、银行存款收付业务的原始凭证收付款项，而必须根据会计主管人员审核批准的收款凭证和付款凭证收付款项，以加强对货币资金的管理。

凡是不涉及银行存款和现金收付的各项经济业务，都需要编制转账凭证。例如，购原材料，但没有支付货款；某单位或个人以实物投资等，此时都应编制转账凭证。

如果是银行存款和现金之间相互划拨业务，例如，将现金存入银行，或者从银行提取现金，按我国会计实务惯例，此时应编制付款凭证。

如果按适用的经济业务来划分，记账凭证可分为专用记账凭证和通用记账凭证两类。其中，专用记账凭证是用来专门记录某一类经济业务的记账凭证。按其所记录的经济业务是否与现金和银行存款的收付有无关系，又分为收款凭证、付款凭证和转账凭证三种；通用记账凭证是以一种格式记录全部经济业务，它不再分为收款凭证、付款凭证和转账凭证。在经济业务比较简单的经济单位，为了简化凭证，可以使用通用记账凭证记录所发生的各种经济业务。

如果按记账凭证包括的会计科目是否单一，记账凭证又可分为复式记账凭证和单式记账凭证两类。其中，复式记账凭证又称多科目记账凭证，它要求将某项经济业务所涉及的全部会计科目集中填列在一张记账凭证上。复式记账凭证可以集中反映账户的对应关系，便于更好地了解经济业务的全貌，了解资金的来龙去脉，以及便于查账。复式记账凭证可以减少填制记账凭证的工作量，减少记账凭证的数量，其缺点是不便于汇总计算每一会计科目的发生额，不便于分工记账。前面介绍的收款凭证、付款凭证和转账凭证等都是复式记账凭证。

单式记账凭证是指，把一项经经济业务所涉及的每个会计科目分别填制记账凭证，每张记账凭证只填列一个会计科目的记账凭证。单式记账凭证包括单式借项凭证和单式贷项凭证。单式记账凭证的内容单一，有利于汇总计算每个会计科目的发生额，可以减少登记总账的工作量；但制证工作量较大，不利于在一张凭证上反映经济业务的全貌，不便于查找记录差错。实务中使用单式记账凭证的单位很少。

二、会计账簿

会计账簿是指由一定格式的账页组成，以会计凭证为依据，全面、系统、连续地记录各项经济业务的簿籍。设置和登记会计账簿是重要的会计核算基础工作，是连接会计凭证和会计报表的中间环节。

填制会计凭证后之所以还要设置和登记账簿，是由于二者虽然都是用来记录经济业务，但二者具有不同作用。在会计核算中，对每一项经济业务都必须取得和填制会计凭证，因而会计凭证数量很多，很分散，而且每张凭证只能记载个别经济业务的内容，所提供的资料是零星的，不能全面、连续、系统地反映和监督一个经济单位在一定时期内某一类和全部经济业务的活动情况，不便于日后查阅。

因此，为了给经济管理提供系统的会计核算资料，各单位都必须在凭证的基础上设置和运用登记账簿，从而把分散在会计凭证上的大量核算资料加以集中和归类整理，生成有用的会计信息，从而为编制会计报表、进行会计分析以及审计提供主要依据。

（一）账簿的分类

账簿的分类方法主要有三种，即可以分别按用途、账页格式、外形特征分类，如图1-4所示。

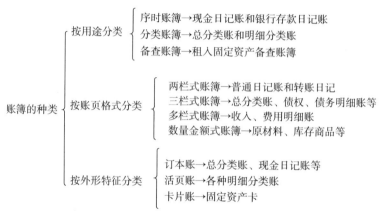

图1-4　账簿的分类

1. 按用途分类

如果按用途分类，会计账簿可分为序时账簿、分类账簿和备查账簿。其中，序时账簿又称日记账，它是按照经济业务发生或完成时间的先后顺序逐日逐笔进行登记的账簿。序时账簿是会计部门按照收到会计凭证号码的先后顺序进行登记的。库存现金日记账和银行存款日记账是最典型的序时账簿。

分类账簿是对全部经济业务事项按照会计要素的具体类别而设置的分类账户进行登记的账簿。按其提供核算指标的详细程度不同，分类账簿又分为总分类账和明细分类账。其中，总分类账简称总账，它是根据总分类科目开设账户，用来登记全部经济业务，进行总分类核算，提供总括核算资料的分类账簿；明细分类账简称明细账，它是根据明细分类科目开设账户，用来登记某一类经济业务，进行明细分类核算，提供明细核算资料的分类账簿。

备查账簿又称辅助账簿，它是对某些在序时账簿和分类账簿等主要账簿中都不予登记或登记不够详细的经济业务事项进行补充登记时使用的账簿，它可以对某些经济业务的内容提供必要的参考资料。备查账簿的设置应视实际需要而定，并非一定要设置，而且没有固定格式，如租入固定资产登记簿、代销商品登记簿等。

2. 按账页格式分类

如果按账页格式分类，会计账簿可分为两栏式账簿、三栏式账簿和数量金额式账簿。其中，两栏式账簿是只有借方和贷方两个基本金额的账簿，各种收入、费用类账户都可以采用两栏式账簿；三栏式账簿是设有借方、贷方和余额三个基本栏目的账簿，各种日记账、总分类账、资本、债权、债务明细账都可采用三栏式账簿；数量金额式账簿在借方、贷方和金额三个栏目内都分设数量、单价和金额三小栏，借以反映财产物资的实物数量和价值量。原材料、库存商品、产成品等明细账通常采用数量金额式账簿。

3. 按外形特征分类

如果按外形特征分类，会计账簿可分为订本账、活页账和卡片账。其中，订本账是在启用前将编有顺序页码的一定数量账页装订成册的账簿，它一般适用于重要且具有统驭性的总分类账、现金日记账和银行存款日记账。

活页账是将一定数量的账页置于活页夹内，可根据记账内容的变化随时增加或减少部分账页的账簿，它一般适用于明细分类账。

卡片账是将一定数量的卡片式账页存放于专设的卡片箱中，账页可以根据需要随时增添的账簿。卡片账一般适用低值易耗品、固定资产等的明细核算。在我国，一般只对固定资产明细账采用卡片账形式。

（二）记账规则

1. 登记账簿的依据

为了保证账簿记录的真实、正确，必须根据审核无误的会计凭证登账。

2. 登记账簿的时间

各种账簿应当多长时间登记一次，没有统一规定。但是，一般的原则是：总分类账要按照单位所采用的会计核算形式及时登账，各种明细分类账要根据原始凭证、原始凭证汇总表和记账凭证每天进行登记，也可以定期（三天或五天）登记。但是现金日记账和银行存款日记账应当根据办理完毕的收付款凭证，随时逐笔顺序进行登记，最少每天登记一次。

依据《会计基础工作规范》第六十一条规定：实行会计电算化的单位，总账和明细账应当定期打印。发生收款和付款业务的，在输入收款凭证和付款凭证的当天必须打印出现金日记账和银行存款日记账，并与库存现金核对无误。

3. 登记账簿的规范要求

（1）登记账簿时应当将会计凭证日期、编号、业务内容摘要、金额和其他有关资料逐项记入账内。同时，记账人员要在记账凭证上签名或者盖章，并注明已经登账的符号（如打"√"），以防止漏记、重记和错记情况的发生。

（2）各种账簿要按账页顺序连续登记，不得跳行、隔页。如发生跳行、隔页，应将空行、空页画线注销，或注明"此行空白"或"此页空白"字样，并由记账人员签名或盖章。

（3）凡需结出余额的账户，应当定期结出余额。现金日记账和银行存款日记必须每天结出余额。结出余额后，应在"借或贷"栏内写明"借"或"贷"的字样。没有余额的账户，应在该栏内写"平"字并在余额栏"元"位上用"0"表示。

（4）每登记满一张账页结转下页时，应当结出本页合计数和余额，写在本页最后一行和下页第一行有关栏内，并在本页的摘要栏内注明"转后页"字样，在次页的摘要栏内注明"承前页"字样。

三、财务报表

常见的企业财务报表主要包括"资产负债表""利润表""现金流量表"等，通过这些报表可了解企业的财务状况、变现能力、偿债能力、经营业绩、获利能力、资金周转情况等。投资人可以据此判断企业的经营状况，并对未来的经营前景进行预测，从而进行决策。

在现代企业制度下，企业所有权和经营权相互分离，使企业管理层与投资者或债权人之间形成了受托、委托责任。企业管理层受委托人之托经营管理企业及其各项资产，负有受托责任；企业投资者和债权人需要通过财务报表了解管理层保管、使用资产的情况，以便评价管理层受托责任的履行情况。

（一）资产负债表

资产负债表亦称财务状况表，表示企业在一定日期（通常为各会计期末）的财务状况（即资产、负债和所有者权益）。资产负债表利用会计平衡原则，将合乎会计原则的资产、负债、股东权益交易科目分为"资产"和"负债及所有者权益"两大区块，在经过分录、转账、分类账、试算、调整等会计程序后，以特定日期的静态企业情况为基准，浓缩成一张报表，如表 1-1 所示。

表 1-1 资产负债表

编制单位：A 公司　　　　　　　　　　2020 年 03 月 31 日　　　　　　　　　　单位：元

项目	期末余额		年初余额	
	合并	母公司	合并	母公司
流动资产				
货币资金	714550962.46	614737644.09	331939420.80	250508443.40
结算准备金				
拆出资金				
交易性金融资产				
应收票据	39850865.09	28000865.09	36032467.55	17236467.55
应收账款	17479800.42	15652126.49	12969282.15	9052025.70
预付款项	743858656.46	745873199.92	320895443.29	361047379.57
应收保费				
应收分保账款				
应收分保合同准备金				

续表

项目	期末余额		年初余额	
	合并	母公司	合并	母公司
应收利息				
应收股利				
其他应收款	180507921.93	169697741.04	238214924.39	237049799.57
买入返售金融资产				
存货	2842986017.30	2746056932.20	2871113468.98	2782833599.56
一年内到期的非流动资产				
其他流动资产	340000.00	340000.00		
流动资产合计	4539574223.66	4320358508.83	3811165007.16	3657727715.35
非流动资产				
发放委托贷款及垫款				
可供出售金融资产				
持有至投资到期日				
长期应收款				
长期股权投资	21487499.80	153898252.79	21487114.74	153898252.79
投资性房地产				
固定资产	1413677089.33	1094462877.01	1491314615.69	1108696404.06
在建工程	117265033.57	108853192.31	97043858.11	91215859.10
工程物资	8087363.26	8087363.26	6796758.95	6796758.95
固定资产清理				
生产性生物资产				
油气资产				
无形资产	94991322.68	60985883.96	92243689.43	58295293.19
开发支出				
商誉				
长期待摊费用	3236261.97	2560036.90	9819833.44	9819833.44
递延所得税资产	16727238.63	12254775.26	16783520.07	12254775.26
其他非流动资产				
非流动资产合计	1675471809.24	1441102381.49	1735489390.43	1440977176.79
资产总计	6215046032.90	5761460890.32	5546654397.59	5098704892.14
流动负债				
短期借款	3346368981.24	3281368981.24	2811150246.48	2756150246.48
向中央银行借款				
吸收存款及同业存放				
拆入资金				

项目	期末余额		年初余额	
	合并	母公司	合并	母公司
交易性金融负债	138488070.00	138488070.00	138374070.00	138374070.00
应付票据	170000000.00	30000000.00	160000000.00	50000000.00
应付账款	268775158.94	106028812.34	432282799.44	284721014.57
预收款项	255778115.03	236776128.13	84609660.87	43917038.02
卖出回购金融资产款				
应付手续费及佣金				
应付职工薪酬	15320245，80	14364093.06	17974066.41	16493717.43
应交税费	-15482704.46	-10843428.67	-118841126.09	-120419927.65
应付利息	5794788.22	5794788.22	7479165.08	7479165.08
应付股利				
其他应付款	30247837.17	10479601.58	44858455.15	11755784.61
应付分保账款				
保险合同准备金				
代理买卖证券款				
代理承销证券款				
一年内到期的非流动负债	40347786.00	40347786.00	53370094.00	53370094.00
其他流动负债			59162950.00	59162950.00
流动负债合计	4255638277.94	3852804831.90	3690420381.34	3301004152.54
非流动负债				
长期借款	219000000.00	200000000.00	219000000.00	200000000.00
应付债券				
长期应付款	246629906.00	246629906.00	246629906.00	246629906.00
专项应付款				
预计负债				
递延所得税负债	361956.52	361956.52	371739.13	371739.13
其他非流动负债	23092097.75	13092097.75	25039181.47	13189181.47
非流动负债合计	489083960.27	460083960.27	491040826.60	460190826.60
负债合计	4744722238.21	4312888792.17	4181461207.94	3761194979.14
所有者权益（或股东权益）				
实收资本（或股本）	191600000.00	191600000.00	191600000.00	191600000.00
资本公积	510342576.03	510342576.03	466478199.23	466478199.23
减库存股				
专项储备	11862095.92	10864386.38	10591255.71	9139623.38
盈余公积	84705064.36	84337658.23	84337658.23	84337658.23

续表

项目	期末余额		年初余额	
	合并	母公司	合并	母公司
一般风险准备				
未分配利润	671814058.38	651427477.51	612186076.48	585954432.16
外币报表折算差额				
归属于母公司所有者权益合计	1470323794.69	1448572098.15	1365193189.65	1337509913.00
少数股东权益				
所有者权益合计	1470323794.69	1448572098.15	1365193189.65	1337509913.00
负债和所有者权益总计	6215046032.90	576146089032	5546654397.59	5098704892.14

（二）利润表

利润表是反映企业在一定会计期间经营成果的报表，又称动态报表，也称损益表、收益表等，如表1-2所示。

表1-2　利润表

编制单位：A公司　　　　　　　　　　　2020年1-3月　　　　　　　　　　　单位：元

项目	本期金额		上期金额	
	合并	母公司	合并	母公司
一、营业总收入	1688802627.40	1600413691.57	674680867.69	581527941.56
其中：营业收入	1688802627.40	1600413691.57	674680867.69	581527941.56
利息收入				
已赚保费				
手续费及佣金收入				
二、营业总成本	1593744859.21	1499502899.93	639674594.12	549365162.64
其中：营业成本	1504705835.90	1417928222.40	588133171.23	502855206.09
利息支出				
手续费及佣金支出				
退保金				
赔付支出净额				
提取保险合同准备金净额				
保单红利支出				
分保费用				
税金及附加	604286.01	604286.01	24848.43	24848.43
销售费用	4719690.81	4081781.42	3863052.46	3116506.58
管理费用	37106449.06	31220509.16	27785435.70	23659827.39
财务费用	46608597.43	45668100.94	19898086.30	19738774.15

项目	本期金额		上期金额	
	合并	母公司	合并	母公司
资产减值损失			-30000.00	-30000.00
加：公允价值变动收益（损失以"-"号填列）	-114000.00	-114000.00	-4985750.00	-4985750.00
投资收益（损失以"-"号填列）	-14796564.05	-14796564.05		
其中：对联营企业和合营企业的投资收益				
汇兑收益（损失以"-"号填列）				
三、营业利润（亏损以"-"号填列）	80147204.14	86000227.59	30020523.57	27177028.92
加：营业外收入	1583527.00	1575567.00	650700.00	635320.00
减：营业外支出	37340.00	37340.00	14600.24	12145.89
其中：非流动资产处置损失				
四、利润总额（亏损总额以"-"号填列）	81693391.14	87538454.59	30656623.33	27800203.03
减：所得税费用	22065409.24	22065409.24	7700500.60	6986393.02
五、净利润（净亏损以号填列）	59627981.90	65473045.35	22956122.73	20813810.01
归属于母公司所有者的净利润	59627981.90	65473045.35	22956122.73	20813810.01
少数股东损益				
六、每股收益				
（一）基本每股收益	0.31	0.34	0.12	0.11
（二）稀释每股收益	0.31	0.34	0.12	0.11
七、其他综合收益	43864376.80	43864376.80		
八、综合收益总额	103492358.70	109337422.15	22956122.73	20813810.01
归属于母公司所有者的综合收益总额	103492358.70	109337422.15	22956122.73	20813810.01
归属于少数股东的综合收益总额	0	0	0	0

通过利润表，可以反映企业一定会计期间的收入实现情况，即，实现的主营业务收入有多少、实现的其他业务收入有多少、实现的投资收益有多少、实现的营业外收入有多少等等；可以反映一定会计期间的费用耗费情况，即，耗费的主营业务成本有多少、主营业务税金有多少、营业费用、管理费用、财务费用各有多少、营业外支出有多少等；可以反映企业生产经营活动的成果，即，净利润的实现情况，据以判断资本保值、增值情况。

将利润表中的信息与资产负债表中的信息相结合，还可以提供进行财务分析的基本资料，如将赊销收入净额与应收账款平均余额进行比较，计算出应收账款周转率；将销货成本与存货平均余额进行比较，计算出存货周转率；将净利润与资产总额进行比较，计算出资产收益率等，可以表现企业资金周转情况以及企业的盈利能力和水平，便于会计报表使用者判断企业未来的发展趋势，做出经济决策。

（三）现金流量表

现金流量表是财务报表的三个基本报告之一，也叫账务状况变动表，所表达的是在一固定期间（通常是每月或每季）内企业现金（包含现金等价物）的增减变动情形，如表 1-3 所示。

表 1-3　现金流量表

编制单位：A 公司　　　　　　　　　2020 年 1—3 月　　　　　　　　　单位：元

项目	本期金额		上期金额	
	合并	母公司	合并	母公司
一、经营活动产生的现金流量				
销售商品、提供劳务收到的现金	1955827583.07	1841973763.25	688167925.41	609218389.88
客户存款和同业存放款项净增加额				
向中央银行借款净增加额				
向其他金融机构拆入资金净增加额				
收到原保险合同保费取得的现金				
收到再保险业务现金净额				
保户储金及投资款净增加额				
处置交易性金融资产净增加额				
收取利息、手续费及佣金的现金				
拆入资金增加额				
回购业务资金净增加额				
收到的税费返还				
收到其他与经营活动有关的现金	2829888.72	2532368.53		
经营活动现金流入小计	1958657471.79	1844506131.78	688167925.41	609218389.88
购买商品、接受劳务支付的现金	2123532862.08	2008192589.41	918846637.31	816073429.44
客户贷款及垫款净增加额				
存放中央银行和同业款项净增加额				
支付原保险合同赔付款项的现金				
支付利息、手续费及佣金的现金				
支付保单红利的现金				
支付给职工以及为职工支付的现金	44662262.88	37179050.25	32511945.85	27790865.09
支付的各项税费	20926406.22	19829853.70	1266894737	12363437.78
支付其他与经营活动有关的现金	6184834.33	5825354.25	5064958.74	6109868.48
经营活动现金流出小计	2195306365.51	2071026847.61	969092489.27	862337300.79
经营活动产生的现金流量净额	−236648893.72	−226520715.83	−280924563.86	−253118910.91

项目	本期金额		上期金额	
	合并	母公司	合并	母公司
二、投资活动产生的现金流量				
收回投资收到的现金				
取得投资收益收到的现金				
处置固定资产、无形资产和其他长期资产收回的现金净额			152154.35	150000.00
处置子公司及其他营业单位收到的现金净额				
收到其他与投资活动有关的现金				
投资活动现金流入小计			152154.35	150000.00
购建固定资产、无形资产和其他长期资产支付的现金	38784531.13	28533066.67	99017757.58	90065468.00
投资支付的现金				
质押贷款净增加额				
取得子公司及其他营业单位支付的现金净额				
支付其他与投资活动有关的现金				
投资活动现金流出小计	38784531.13	28533066.67	99017757.58	90065468.00
投资活动产生的现金流量净额	−38784531.13	−28533066.67	−98865603.23	−89915468.00
三、筹资活动产生的现金流量				
吸收投资收到的现金				
其中：子公司吸收少数股东投资收到的现金				
取得借款收到的现金	1449933314.57	1409933314.57	603440273.86	564440273.86
发行债券收到的现金				
收到其他与筹资活动有关的现金			5932.32	
筹资活动现金流入小计	1449933314.57	1409933314.57	603446206.18	564440273.86
偿还债务支付的现金	884714579.81	884714579.81	266710112.90	246710112.90
分配股利、利润或偿付利息支付的现金	45538736.19	44300719.51	17634396.45	17474144.30
其中：子公司支付给少数股东的股利、利润				
支付其他与筹资活动有关的现金	60032.06	60032.06	50100.00	50100.00
筹资活动现金流出小计	930313348.06	929075331.38	284394609.35	264234357.20
筹资活动产生的现金流量净额	519619966.51	480857983.19	319051596.83	300205916.66
四、汇率变动对现金及现金等价物的影响				
五、现金及现金等价物净增加额	244186541.66	225804200.69	−60738570.26	−42828462.25
加：期初现金及现金等价物余额	256978325.59	175547348.19	184711981.97	132253209.28
六、期末现金及现金等价物余额	501164867.25	401351548.88	123973411.71	89424747.03

现金流量表主要反映了资产负债表中各个项目对现金流量的影响，并根据其用途划分为经营、投资及融资三个活动分类。现金流量表可用于分析企业在短期内有没有足够现金去应付开销。

第四节 财务会计的确认、计量和报告

财务会计的确认、计量和报告是在财务会计目标的指引下，基于权责发生制，按照会计信息质量特征的要求，将会计对象定性判断和定量归类于会计要素中，并通过格式化的报告进行信息汇报的操作规程，是财务会计信息系统运作的具体方法。财务会计的确认、计量和报告在财务会计信息系统中具有战术性作用，因此居于财务会计概念框架的第三层次。

权责发生制是确认、计量和报告的基础。

权责发生制又称"应计基础"（Accrual Basis），是指会计不是根据实际的现金收付时间，而是根据收现权利和付现义务的形成时间，作为反映经济交易或事项的基础。

在合同中企业形成收现权利和付现义务的时间与实际收到现金和支付现金的时间可能不一致，在持续经营和会计分期假设下，确认、计量和报告企业的资产、负债、收入以及费用时，会出现两种选择：①权责发生制，即按照收现权利和付现义务的形成时间进行确认、计量和报告；②现金收付制，即按照实际收付现金的时间进行确认、计量和报告。

经济交易或事项的核心并非形式上的商品或劳务交换，而是附着于形式背后的权利与义务交换，交换的权利和义务由各方签订的显性或隐性合同来规定。因此，会计反映经济交易或事项，既要反映报告主体静态和动态的经济资源信息，也要反映报告主体静态和动态的经济资源要求权信息，收付实现制只能反映前者，不能反映后者，而权责发生制可以两者兼得。由此可知，会计应采用权责发生制，而非收付实现制进行确认、计量和报告。

（一）确认

1. 确认的概念

确认（Recognition）是指将会计对象（经济交易或事项）定性判断和定量归类于会计要素（资产、负债、所有者权益、收入、费用和利润）中，正式列入财务报表的过程，是将会计对象转化为会计要素，通过会计信息系统进行反映的程序。广义的确认概括了识别、记录和传递等三个过程，具体而言，需要做三步判断：

第一步，是否该将某项经济交易或事项输入会计信息系统并通过财务报表输出信息？

第二步，如果是，那么该经济交易或事项应该录入哪项要素并通过财务报表进行传递？

第三步，如果要素确定，那么上述记录和传递应在何时进行？金额是多少？

第一步是识别过程，第二步和第三步是记录与传递过程，包括记录和传递的空间、时间和金额。在第二步和第三步判断中，记录先于传递，因此，记录的确认程序称为"初始确认"，传递的确认程序称为"再确认"。

狭义的确认只针对记录程序，即需要判断是否应该记录、录入哪项要素、何时进行记录。

2. 确认的标准

某一项目确认为会计信息需要符合三个标准：

标准一，该项目需要符合会计要素的定义。被确认的项目是通过经济交易或事项所产生，可以按照其承载的权利和义务特征归入财务会计要素。

标准二，与该项目有关的未来经济利益很可能流入或流出企业。未来经济利益的流入或流出存在不确定性，但这种不确定性可以根据经验或模型进行明确的评估。

标准三，与该项目有关的未来经济利益的流入或流出金额能够可靠地计量。该项目应有可计量的属性，如成本、价值等，并能根据经验或模型计算获得可靠的金额。

例如，我国房地产企业采取预售制度，房地产开发企业将未完工的房屋预先销售给房产承购人，收到预售款后，房地产开发企业继续建造房屋，直至完工交房。当房地产企业收到承购人的预售款时，从确认的角度，则需要做三步判断：

第一步，是否该将某项经济交易或事项输入会计信息系统并通过财务报表输出信息？

当房地产企业收到承购人预售款时，是双方按照房屋购销合同而发生的交易行为，对于企业而言，需要将收到预售款行为录入房地产企业的会计信息系统并通过财务报表输出信息。

第二步，如果是，那么该经济交易或事项应该录入哪项要素并通过财务报表进行传递？

当房地产开发企业收到房屋承购人的预售款时，需要判断这部分预售款应归属于企业的负债还是收入。按照确认的标准一，该项目需要符合会计要素的定义。企业收到预售款时，属于按照房屋购销合同条款要求完成的事项，但企业尚未按照房屋购销合同履行交房义务，因此，该经济事项符合负债的定义，应录入负债要素并通过财务报表进行传递。

第三步，如果要素确定，那么上述记录和传递应在何时进行？金额是多少？

按照确认的标准二和标准三，企业收到预售款形成的负债，将来会随着企业向房屋承购人的交房事项而履行义务，导致企业经济利益流出；同时，这项流出的计量可以确定，房屋承购人的预售款即为负债的金额。这样，当房地产企业收到承购人的预售款时，即可确认为负债要素，金额即收到的预售款数。

（二）计量

1. 计量的概念

计量（Measurement）是指将符合确认条件的会计要素登记入账并列报于财务报表而

确定其金额的过程。计量问题是财务会计的核心问题。

某一项目的计量过程包含两方面内容：一是实物计量；二是金额计量。实物计量，顾名思义就是这一实物的数量；而金额的计量则涉及计量单位和计量属性两个因素。

2. 计量单位

货币计量假设为计量单位提供了答案，即企业在提供财务会计报告信息时，采用货币作为反映经济资源的价值及其变动的基本单位。

在会计实务中，世界各国或地区往往要求在编制财务会计报告时选定一种货币作为记账本位币，如美元、欧元和英镑等。

《中华人民共和国会计法》第二章第十二条规定："会计核算以人民币为记账本位币。"

3. 计量属性

计量属性是指所用量度的经济属性，从会计角度而言，计量属性反映的是会计要素的金额确定基础，如原始成本、现实成本等。

（1）五种计量属性。《企业会计准则—基本准则》第四十二条规定了五种计量属性：

①历史成本。在历史成本计量下，资产按照购置时支付的现金或者现金等价物的金额，或者按照购置资产时所付出的对价的公允价值计量。负债按照因承担现时义务而实际收到的款项或者资产的金额，或者承担现时义务的合同金额，或者按照日常活动中为偿还负债预期需要支付的现金或者现金等价物的金额计量。

②重置成本。在重置成本计量下，资产按照现在购买相同或者相似资产所需支付的现金或者现金等价物的金额计量。负债按照现在偿付该项债务所需支付的现金或者现金等价物的金额计量。

③可变现净值。在可变现净值计量下，资产按照其正常对外销售所能收到的现金或者现金等价物的金额扣减该资产至完工时估计将要发生的成本、估计的销售费用以及相关税费后的金额计量。

④现值。在现值计量下，资产按照预计从其持续使用和最终处置中所产生的未来净现金流入量的折现金额计量，负债按照预计期限内需要偿还的未来净现金流出量的折现金额计量。

⑤公允价值。在公允价值计量下，资产和负债按照市场参与者在计量日发生的有序交易中，出售资产所能收到或者转移负债所需支付的价格计量。

【例】：A公司2019年12月1日付出10000元购入苹果计算机iMac一台，预计使用期限为五年，无残值，按照直线法提取折旧。

1. 2019年12月31日，如果A公司在固定资产账户上将该计算机记录为10000元，即为按照历史成本计量，就是按照购买该计算机时所付出的对价的公允价值计量。

2. 2020年12月31日，在市场上购买同样型号的计算机，价格为8500元。如果A公司在固定资产账户上将该计算机记录为8500元，此时即为按照重置成本计量，即按照现在购买相同或者相似资产所需支付的现金或者现金等价物的金额计量。

3.2020 年 12 月 31 日，如果 A 公司将该计算机在市场上出售，那么扣除相关税费后的净额将为 8000 元。如果 A 公司在固定资产账户上将该计算机记录为 8000 元，此时即为按照可变现净值计量，即按照其正常对外销售所能收到现金或者现金等价物的金额扣减该资产至完工时估计将要发生的成本、估计的销售费用以及相关税费后的金额计量。

4.2020 年 12 月 31 日，如果 A 公司估计该计算机在未来的四年，每年为公司带来的净现金流入为 2500 元，市场的折现率为 10%，该计算机的现值为 $2500/（1+10\%）+2500/（1+10\%）^2+2500/（1+10\%）^3+2500/（1+10\%）^4=7924.66$ 元。如果 A 公司在其固定资产账户上将该计算机记录为 7924.66 元，此时即为按照现值计量，即按照预计从其持续使用和最终处置中所产生的未来净现金流入量的折现金额计量。

5.2020 年 12 月 31 日，如果在苹果二手市场上 A 公司将该计算机卖掉，那么可以获得 8100 元。如果 A 公司在固定资产账户上将该计算机记录为 8100 元，此时即为按照公允价值计量，即按照市场参与者在计量日发生的有序交易中，出售资产所能收到的价格计量。

（2）五种计量属性的评价。就资产的计量而言，根据资产的概念，资产是指企业过去的交易或者事项形成的、由企业拥有或者控制的、预期会给企业带来经济利益的资源。从资产的定义角度观察计量属性问题可以发现，在五种计量属性中，前两种是按照买入价计量，即资产进入，现金流出，这两种定义是基于投入产出理念下的定义，适合于计算会计利润；后三种是按照脱手价计量，即资产流出，现金进入，这三种定义是基于经济学理念下的定义，适合于计算经济利润。因此，符合资产定义的计量属性应该是可变现净值、现值和公允价值。

（3）公允价值计量属性的进一步说明。公允价值是指市场参与者在计量日发生的有序交易中，出售一项资产所能收到或者转移一项债务所需支付的价格，从这一定义中，明确了公允价值是资产的脱手价值和负债的清偿价值，即计量资产时，表示现金流入；计量负债时，表示现金流出，保证了其与资产和负债概念的一致性。

从现金流向上看，就资产的计量而言，历史成本计量和重置成本计量是资产进入、现金流出，与公允价值的定义相比较可以发现，公允价值避免了与历史成本和重置成本两种计量属性存在的交叉。而可变现净值和现值从现金流向上看，是资产流出、现金进入，因而公允价值定义的计量属性虽避免了与历史成本和重置成本两种计量属性存在的交叉，却仍不能解决与可变现净值和现值这两种计量属性的重叠，从上述五个例子来看，很难区分可变现净值与公允价值的差别。

在实际操作层面上，公允价值计量存在市场法、收益法和成本法三种估值技术。分析三种估值技术，市场法的实际操作方法与可变现净值的应用类似，收益法和现值的应用类似，而成本法则与重置成本的应用类似。

这使得公允价值计量属性在操作层面上仍与可变现净值和现值计量属性难以区分，甚至在成本法估值的技术下，公允价值计量的操作方法又采用了与重置成本计量相同的操作方法。

而从图 1-5 看，在时间维度上，历史成本也可视作过去时点市场参与者在计量日发生的有序交易中，出售一项资产所能收到或者转移一项债务所需支付的价格，即历史成本可以视作过去时点的公允价值，现行市价可以视作现在时点的公允价值，而约定价格可以视作未来时点的公允价值。

而现行市价在会计上对应重置成本、可变现净值，约定价格对应现值。因此，无论从概念层面，还是从操作层面，公允价值计量属性都存在与历史成本、重置成本、可变现净值和现值等四种计量属性的交叉现象。公允价值计量将未来的估计反映于当期财务报表中，有利于提供经济决策有用性信息。就目前的理解而言，可以将公允价值理解为计量未来的计量属性。总而言之，公允价值要"洗尽铅华呈素姿（属性）"尚需努力。

历史成本	现行市价	约定价格
过去	现在	未来

图1-5　价格的时间维度表现

《企业会计准则——基本准则》第四十三条规定："企业在对会计要素进行计量时，一般应当采用历史成本，采用重置成本、可变现净值、现值、公允价值计量的，应当保证所确定的会计要素金额能够取得并可靠计量。"

（三）报告

1. 报告的概念

报告（Statement），又称列报，是通过标准化的格式进行信息汇报的操作规程，包括编制财务会计报表及其附注和其他财务列报，是账面资料的分类和汇总。

2. 财务报告与财务报表

财务报告是指企业对外提供的反映企业某一特定日期的财务状况和某一会计期间的经营成果和现金流量等会计信息的文件。财务报告包括财务报表、财务报表附注和其他相关信息。财务报告是财务会计信息系统的最终产品，是会计信息的"物质载体"，也是将会计信息传递给使用者的媒介。

财务报表是财务报告的核心，是对企业财务状况、经营成果和现金流量等信息的结构性表述，财务报表包括基本报表和附表。在实务中，财务报告和财务报表经常混用，但两者既有联系，又有区别。财务报表的出现早于财务报告，财务报告的内涵大于财务报表。一般认为，财务会计信息主要由财务报表提供，财务报表是财务报告的核心。

《企业会计准则——基本准则》第十章第四十四条规定："财务会计报告是指企业对外提供的反映企业某一特定日期的财务状况和某一会计期间的经营成果、现金流量等会计信息的文件。财务会计报告包括会计报表及其附注和其他应当在财务会计报告中披露的相关信息和资料。会计报表至少应当包括资产负债表、利润表和现金流量表等报表。"

财务会计的确认、计量和报告是在财务会计目标的指引下，基于权责发生制，按照会计信息质量特征的要求，将会计对象定性判断和定量归类于会计要素中，并通过格式化的报告进行信息汇报的操作规程，这是财务会计信息系统运作的具体方法。财务会计的确认、计量和报告在财务会计信息系统中具有战术性作用，因此居于财务会计概念框架的第三层次。

如果以时间维度过去到现在和未来到现在来划分的话，财务会计的目标、主要的信息质量特征、计量属性以及制定会计准则的理念上存在两对对应关系：

（1）过去——现在——受托责任——可靠性——历史成本——收入费用观。即在时间上，当反映从过去时点到现在时点的经济交易或事项时，财务会计的目标强调受托责任，会计信息质量特征对应可靠性，在计量属性上对应历史成本，而在会计准则理念上则对应收入费用观，某个会计期间企业净资产的变化是"利润"计量的结果，即期初的净资产+当期利润=期末的净资产，也即利润确定在先，期末净资产的确定在后。

（2）未来——现在——决策有用——相关性——公允价值——资产负债观。即在时间上，当反映从未来时点到现在时点的经济交易或事项时，财务会计的目标强调决策有用，会计信息质量特征对应相关性，在计量属性上对应公允价值，而在会计准则理念上则对应资产负债观，某个会计期间的利润是企业"资产负债"计量的结果，即期末的净资产-期初的净资产=当期利润，也即期末的净资产确定在先，当期利润的确定在后。

财务会计目标、主要的会计信息质量特征、计量属性和会计准则理念对应关系图如图1-6所示。

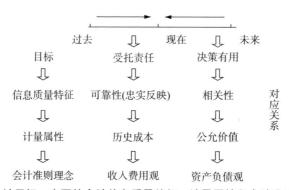

图1-6　财务会计目标、主要的会计信息质量特征、计量属性和会计准则理念对应关系

第五节　会计制度的基本含义

一、财务会计制度概念及作用

财务会计工作是经济管理的重要组成部分。其本质特征是通过对特定单位经济业务的确认、计量、记录和报告，为会计信息使用者提供反映企业财务状况、经营成果和现金流

量的会计信息，并对企业经营活动和财务收支进行决策分析与监督。财务会计工作依法有序地运行是保证企业经营管理及国家宏观经济正常运行的重要条件。

财务会计制度是财务会计工作规范的总称。它是指在国家统一会计规范的指导下，由企业自行设计的旨在正确反映企业财务状况和经营成果的会计原则、会计程序和会计方法及其财务决策。

（一）财务会计制度的三个层次

财务会计制度本身是一个系统，它应体现三个层次。

1. 财务会计工作基本条件方面的制度

其包括：企业财务战略规划、企业内部会计控制制度、会计科目及其使用说明，会计凭证的种类、格式、用途及填制要求；会计账簿的种类、格式、勾稽关系及登记要求；提供会计信息的报表种类、结构、指标内容及编报要求。

2. 财务会计工作组织方面的制度

其包括：财务机构设置、岗位责任划分、人员配备的有关规定；会计核算的组织形式；处理会计事项的程序、会计数据在账表之间的转换方式；会计人员任免工作及档案管理的规定。

3. 财务会计工作管理方面的制度

其包括：成本计算、成本管理的制度；企业内部控制制度；明确各部门经济责任、强化经济核算制度；揭示问题及产生原因，寻求解决措施的会计分析制度，发挥会计预测、决策功能的会计预测、决策工作制度；鉴定会计人员工作业绩，以便实施奖励的会计考核制度。

（二）财务会计制度的五个主要作用

财务会计制度的主要作用体现在以下几个方面。

第一，现代财务会计制度是企业会计工作规范化、程序化的基本形式。财务与会计是财务会计理论和财务会计实践的统一。财务会计制度要在基本会计准则、财务通则和具体会计准则指导下依照具体的规范化文件，组织会计的运作。所以财务会计制度是财务会计理论与准则指导会计工作必不可少的媒介，是整个财务会计的重要组成部分。如果没有财务会计制度，就不可能使财务会计理论与财务会计实践相结合，也就不可能实现财务会计的目的和任务。

第二，财务会计制度是企业内部控制的组成部分。一方面，财务会计制度是作为对企业经营活动的一种控制，包括记录和识别所有合法合规的经营业务，计量经营业务的价值，对经营业务进行适当分类，确立经营业务记录时间，在会计报表中公允地反映经营业务状况和成果并规定各种流程控制；另一方面，财务会计制度中规定的各种财务会计方法和程序，本身有着控制的功能。例如，不相容职务的分离、复式记账、平行登账、报销制度等。这些控制功能的发挥能有效地保证会计信息的客观、真实、及时、准确。

第三，财务会计制度是建立企业管理信息系统的基础。企业管理信息系统是利用电子计算机的高速处理能力、庞大的记忆能力及快捷的通信系统，经过整体化的设计、广泛收集企业内外有关资料，加以组合模拟，使之成为有用的经营管理信息，并迅速提供给管理者，或对企业管理当局的询问立即予以解释答复。这种信息系统是以财务会计信息为中心建立起来的，在这种信息系统下，各种业务记录都和会计记录相联系，并通过这种联系成为一个有机整体。所以，健全的财务会计制度是建立企业管理信息系统的基础。

第四，财务会计制度可以作为企业其他管理制度研究和改进的依据。企业是一个独立的经济组织，以营利为目的，必须不断地进行生产经营活动，而企业的业务活动大都与财务会计有关，财务会计记录中包含着一个企业经营活动的轨迹。企业的管理工作，如决策、计划、协调、控制、考核等，都必须利用会计资料来进行；企业决策、计划的实施也必须通过财务会计活动加以分解、协调与控制；企业计划的完成情况也必须根据会计资料来加以考核。所以，财务会计制度覆盖了其他各种管理制度的要点，是企业管理制度中最重要的一种。财务会计既是一种管理活动又是一种信息系统，通过对其提供的会计资料进行分析，可以明确哪些管理制度需要改进及如何进行改进。

第五，财务会计制度是实现现代企业发展战略的必要条件。从西方发达国家的经验来看，开展规模化、集约化经营，推行全方位、多角度发展战略，是现代企业发展的基本趋势。现代企业跨行业、跨地区经营，经营项目多种多样，企业必须根据系统论的观点，设计出一套既符合企业全局发展要求，又照顾到企业中不同部门特殊要求的会计制度。企业要实现规模化、多角度的发展，必须通过财务会计制度，使不同行业和企业内部不同部门的经济资料相关、可比，以便于分析和汇总，使企业管理当局能够从总体上把握企业脉搏，及时调整企业发展战略，保证战略的顺利实现。

二、财务会计制度设计的含义及必要性

财务会计制度设计是企业以国家有关会计法律法规为依据，用系统控制的技术和方法，采用文字或图表等形式，对企业的财务会计组织机构、会计核算报告和会计业务处理程序、方法及财务工作的具体要求加以规范化和文件化，以此来指导会计工作的过程。企业进行财务会计制度设计的必要性主要体现在以下几个方面。

（一）财务会计制度设计是适应我国宏观经济改革的需要

首先，财务会计制度设计，是我国经济体制改革的必然结果。在计划经济体制下，我国的财务会计制度都是由国家统一制定的，它们直接约束着所有企业的会计行为，企业不必也无须独立地进行会计制度设计；而在社会主义市场经济条件下，企业成为自主经营、自负盈亏的法人实体，由企业自行设计、制定符合自身业务特点的会计制度，既是搞好微

观经济管理的需要，也是政府转变管理职能的必然要求。

其次，财务会计制度设计，是我国推行现代企业制度的客观需要。现代企业制度是企业真正面向市场，成为真正法人主体和市场竞争主体的理性选择。但是，现代企业制度的实行，只是为转换企业经营机制提供了前提条件，还必须改革与其不相适应的管理制度。建立健全财务会计制度是现代企业制度创新的重要内容。我国《公司法》明确规定，"公司应当依照法律、行政法规和国务院主管部门的规定建立本公司的财务会计制度"。

最后，财务会计制度设计，是我国会计管理模式改革的必然要求。会计准则的实施使我国会计管理模式由计划导向模式向市场导向模式转变。在市场导向会计模式条件中，国家只颁布会计准则，企业可以在不违背会计准则的前提下，制定具体的、符合企业管理要求的、体现自身利益关系的会计制度。因此，在会计准则规范模式下，企业会计制度设计将成为每个企业单位会计工作首要的、直接的、迫切的需要。

（二）财务会计制度设计，是加强微观企业管理的要求

首先，财务会计制度设计，是企业建立管理信息系统的客观要求。经济信息是企业调控生产经营过程的必要条件，而会计信息是企业经济信息的重要组成部分。企业必须根据自身经营特点和管理要求，建立一套完整的、科学的会计信息反馈系统，通过设计出一个切合实际的、适应企业复杂多变生产经营过程的会计制度，是实现这一目的的必要手段。

其次，财务会计制度设计，是健全内部会计控制制度，提高会计信息质量的客观要求。向企业内外各有关方面及时、准确地提供高质量的会计信息，是现代会计的最基本功能。而会计信息质量则主要依赖于内部会计控制制度。内部会计控制制度包括诸如经济业务的审批制度、经济活动的会计核算制度、财产物资的保管制度、内部稽核制度等。这些制度都属于企业会计制度的重要组成部分，是为了保护财产的安全完整和提高会计信息的正确性和可靠性而建立的。因此，其完善与否，对于提高会计信息质量至关重要。国家统一的会计规范不可能对上述所有方向都做出具体、详细的规定，这就要求企业在遵守国家统一会计规范的前提下，结合自身特点设计出符合本单位实际的财务会计制度。

最后，财务会计制度设计是企业强化经营管理、提高经济效益的客观要求。通过财务会计制度设计，企业可以利用会计管理的形式加强经济核算、严格考核责任成果、协调责任权利之间的关系、确保现代企业管理制度的贯彻落实。

第二章　会计信息化系统概述与会计软件基本应用

第一节　会计信息化系统概述

一、会计信息化系统

（一）数据与信息

1. 数据

一般认为，数据是描述客观实体属性的符号。

例如，"某职工的基本工资是 3105 元"，其中"职工"是一个客观实体，"基本工资"是该实体的一个属性，"3105 元"就是属性值。一个实体可能有若干个属性，则需要用若干个数据来表示不同的属性值。仍以实体"职工"为例，我们可以用数据"0201"来表示某职工"所在部门编号"这一属性的值；用数据"张三""5""ZG"（助工）和"07/26/2015"来分别表示属性姓名、工龄、职称和出生日期的值。

应注意的是，信息科学中所称的"数据"不等同于"数值"。从上述定义可以看出，构成数据必须具备三要素，即实体、属性及属性值，如前例中，仅说"3105 元"是没有意义的，只有具备了三要素，才是一个完整的数据。另外，描述数据并不一定依靠数字，如"某职工性别是男"，这也是一个数据。

2. 信息

什么是信息？目前有很多定义，一般可以这样认为：经过加工后对人们有用的数据称为信息。信息是经过加工处理后，对客观世界产生影响的数据。

数据多指原始的、未经加工的，而信息一般是指加工后输出的、有用的。在会计学数据处理中，数据经过加工处理后成为会计信息。会计信息往往又成为后续处理的会计数据。通常情况下，会计数据和会计信息并无严格界限，会计数据可以认为是会计信息。

（二）系统

1. 系统的含义

系统是由若干个相互联系、相互制约的部分组成，并且具有特定目标和功能的有机整体。

2. 系统构成的基本要素

系统由一些基本要素（也称基本环节）构成。无论是技术系统还是社会系统，以及系统构成的具体内容和形式如何不同，都可以抽象为输入、处理、输出和反馈控制四个基本要素或基本环节。

（1）输入，是指系统为产生预期的输出所需要的条件和要求。一台机床为加工出零件需要输入毛坯、动力和其他辅助材料等；学校为培养出合格的人才需要资金、消耗材料、教材等各种输入；信息系统为输出预期的信息需要输入各种原始数据等。

（2）处理，是指为产生预期的输出而对输入进行的各种加工和变换。处理可以是对物质的形态或性能的加工变换，也可以是对数据的加工变换，二者也可兼而有之。

（3）输出，是指对输入进行处理后产生的结果，也是人们构建该系统所期望产生的成果。

（4）反馈控制，是系统的控制部件，它检测系统的实际输出量，经一定的处理后返回系统的输入端作为处理部分的另一个输入，以便实现对系统运行状态的调整。由输入、处理和输出三个要素构成的系统是最基本的系统，由于缺乏必要的调整和控制作用，这样的系统是不完善的。引入反馈控制这一要素后，系统将处于受控的状态，从而能大大提高系统的性能。

根据系统构成所包含的基本环节的不同，系统可以区分为开环系统和闭环系统两大类。那种只包括输入、处理和输出这三个环节的系统为开环系统，而不仅包括输入、处理、输出环节，还包括反馈控制环节的系统称为闭环系统。

3. 系统的特征

（1）目标性，是指系统有一定的目标。系统是建立者为了达到某种目标而调集各种资源（人、财、物等），按一定的结构组织起来的。例如，建立工厂是为了生产某些社会需要的产品，创办学校是为了培养社会需要的各种专门人才，建立一条生产线是为了提高生产效率等，这些目标称为系统目标。

（2）边界性，是指系统具有边界。系统边界将空间区分为系统内部和外部两个不同的领域，边界以内属于系统，边界之外称为环境。任何一个实际的系统总是在一定的环境中存在的，因此系统必定会通过边界与环境发生物质或信息的交换。系统从环境得到某些物质或数据，称为系统的输入；系统给予环境某些物质或信息，称为系统的输出。

（3）整体性，是指系统是一个整体。系统由若干个既相互联系又相互制约的部分所组成，每个组成部分称为子系统。这些子系统虽然各自承担不同的任务，但通过它们之间的相互衔接和配合，使系统构成一个整体，共同实现系统目标。

（4）相关性，是指构成系统的各部分是相关的。组成系统的各子系统是相关的，它们之间存在着各种物质或信息的交换关系，称为物质流或信息流。正是通过这些流，各子系统才形成一个整体，也正是通过这些流，各子系统才能前后衔接、相互配合，联合起来构成整个系统的功能，实现系统的总体目标。

（5）层次性，是指系统是分层次的。系统可以进一步细分为子系统，子系统本身也可以看作一个系统，也有其本身的目标、边界、输入和输出，也同样可以划分为更细一级的子系统，这些子系统之间也存在各种物质、信息的交换关系，从而构成一个整体。

（6）动态性，是指系统是动态的。随着时间的推移，系统不断地进行输入、处理和输出，因而系统不是静止的，而是处于不断运动的状态；另外，系统自身的特性、参数以及环境的具体情况也是随时间而变化的，因此一个已研制好的系统应随着内外情况的变化而进行必要的修改和调整。

（三）信息系统

信息系统是对数据进行处理的系统。具体说信息系统就是对数据进行输入、存储、加工、传输和输出的系统。简单地说，输入的是数据，经过加工处理，输出的是信息的系统，称为信息系统。信息系统具有以下五个基本功能。

1. 数据收集和输入

信息系统所需要的各种原始数据不会自然而然地集中在一起，因此首先要将这些分散在各处的数据集中起来，经过整理和记录，转换成信息系统所需要的格式，通过某种可接受的方式输入信息系统。

2. 数据存储

数据存储是指对输入数据的存放和保管，以供系统长期使用。数据存储的介质可以是纸张、磁盘、光盘等。

3. 数据加工

输入信息系统的数据经过加工处理后，才能变成有用的信息。数据加工的范围很广，从简单的排序、归并直到各种复杂的优化、预测和决策等。数据加工能力的强弱是衡量信息系统性能优劣的一个重要方面。

4. 数据传输

信息系统往往分布在不同的空间并具有不同的使用者。为了用户使用信息的方便，就存在数据传输的问题，而且在数据收集和输入的过程中也存在数据传输的问题。

5. 信息输出

信息系统的数据输出就是为用户提供所需要的信息。信息输出是信息系统功能的外部表现形式，也是系统与用户间的界面，信息系统数据输出的好坏，直接影响系统的功能和质量。

从广义上讲，在计算机没有出现以前，就已经存在信息系统。由于计算机具有极高的运算速度，很强的信息加工能力和存储能力，其与通信技术的结合使得信息的传输能力产生新的突破，各种输入、输出设备的出现较好地解决了数字和文字（包括汉字）的输入和输出问题，因而成为当代最先进的信息处理工具，产生了计算机信息系统。

（四）会计信息系统

1. 企业管理信息系统

为了了解会计系统，从系统的观点应首先了解企业系统。企业可以被认为是一个系统，这个系统可以分为生产经营系统和管理信息系统。

企业作为一个系统，主要具有五项基本资源，即人、设备、物资、资金、技术。企业的这五项资源是不断流动的，这就形成了物质流，如人员的调入、学习、工作、调动、调出；设备的购建、调动、使用、维护、报废；材料采购入库、加工制成产品、产品的发出销售；资金的筹集、运用、耗费、收回、分配；产品的设计、试验、工艺制订等。这些物质流就构成了企业的生产经营系统。

为了合理地组织和利用企业的基本资源，促使物质流进行合理的流动，实现企业的目标，就必须加强对物质流的管理。但是对物质流的管理是通过信息处理来进行的，这就使企业派生出了第六项资源，即信息。而且企业的信息也是处于不断的流动之中，从而形成了信息流。信息流是伴随着物质流而产生和流动的，其可以反映物质流，如伴随着物资的流动有材料入库和出库单等，这些伴随着物质流而产生的信息流就构成了信息系统。

企业管理信息系统就是对企业生产经营活动的大量数据进行收集、加工、传递、存储和输出，为管理人员提供有用信息的系统。管理人员利用这些信息对企业的生产经营活动进行预测、决策、计划、组织、指挥、协调和控制，以达到企业预期的目标。现代管理信息系统都是以电子计算机作为技术手段的，所以通常的管理信息系统指的是电算化的管理信息系统。

企业管理信息系统具有多方面的内容，企业管理信息系统中包括供应、生产、销售、会计、人事、技术、设备等。会计系统则是企业管理信息系统的一个子系统，而且是企业管理信息系统的一个重要子系统，其重要性主要表现在会计子系统具有综合性强和涉及面广的特点，并且与企业管理信息系统中的其他子系统均存在着信息交换关系。一方面，企业其他子系统的人、设备、技术、供应、生产、销售等活动都以货币的形式反映到会计子系统中来，这样使会计子系统从其他各个子系统获得大量的数据，同时可以反映其他子系统的管理状况；另一方面，会计子系统通过自身的数据处理和管理工作，又可以为其他子系统提供必要的信息，从而影响和促进其他子系统的管理。如供应子系统采购活动必然要反映到会计子系统中来，供应子系统向会计子系统提供采购计划、采购合同、购货发票、收料单等数据，这样会计子系统就可以反映其管理状况；会计子系统经过材料核算与管理，则可以向供应子系统提供采购成本超支或节约、资金使用情况等信息，从而影响和促进供应子系统的管理。

2. 会计信息系统

会计是一个以货币为计量单位，按照一定的原则和程序，采用一定的方法和手段，对特定的部门或单位的经济活动进行核算与监督的系统。

会计作为一个系统具有双重含义：即一方面它是一个管理系统；另一方面它同时又是一个信息系统，二者是相辅相成，密切结合的。有时从信息处理的角度，强调其数据处理的功能，将会计系统称为会计信息系统，但这并不排斥会计系统具有管理功能；同样，有时从管理的角度，强调其管理的功能，将会计系统称为管理活动或财务管理系统，即会计管理系统，但这也并不排斥会计系统具有数据处理功能。会计管理是利用会计信息来进行的，会计系统在履行管理功能过程中，同时也进行数据处理工作，即在管理过程中同时对数据进行收集、加工、传递、存储、输出等处理工作；同样，会计系统也是在执行数据处理功能过程中，同时进行管理工作，即通过对各种数据处理并利用其产生的信息来实现管理的预测、决策、计划、组织、指挥、协调和控制等具体职能。会计的管理功能是对会计基本职能中监督职能的发展和广义的认识；会计的数据处理功能是对会计基本职能中核算职能的发展和广义的认识。

会计系统的结构可以按对象划分。会计的对象是资金及其运动，从动态角度看，其包括资金的筹集和运用、资金的耗费、资金的收入和分配；从静态角度看，其包括资产、负债、所有者权益、收入、成本、利润。会计系统的结构在实际工作中通常按会计对象的内容划分为账务处理子系统、材料子系统、工资子系统、固定资产子系统、成本子系统、产品利润核算子系统、应收应付款子系统、会计报表子系统等。

会计系统的结构可以按基本功能划分。会计是一个系统，会计系统具有两项基本职能，即会计核算与会计监督。会计这两项基本职能实际上就是会计系统的基本功能。会计系统的结构可以按基本功能划分，包括会计信息系统（会计核算系统）和会计管理系统（会计控制系统，会计监督系统）。

会计核算是以货币为计量单位，对经济活动进行完整、连续、系统地记录、计算、分类、汇总、报告，为管理提供有用的信息。从广义的角度上说，会计核算这一基本职能实际上就说明会计是一个信息系统，它主要是对财务数据进行处理，为管理提供信息。从这一广义的认识角度出发，会计核算这一基本职能随着会计的发展可以具体分为：事前核算，即预测分析、决策分析、编制计划及制订定额；事中核算，即日常核算，主要是对已发生的经济业务进行核算，也就是通常所说的记账、算账、报账；事后核算，即财务分析，主要是对经济业务进行事后的完成情况分析。但是目前习惯上将会计的日常核算称为会计核算，这种认识是对会计核算职能最基本的认识，实际上是一种狭义的认识，严格地说对会计核算的广义认识才是比较完整和准确的。

会计监督是以价值的形式，对经济活动加以限制、促进、指导和考核，使之符合规定的要求，达到预期的目的。同样，从广义的角度上说会计监督这一基本职能实际上就是说明会计是一个管理系统，其主要是对财务活动进行有关的控制，实现提高经济效益的目的。从广义的认识角度出发，会计监督这一基本的职能随着会计的发展可以具体分为：事前监督，即预测、决策、计划、组织；事中监督，即指挥、控制；事后监督，即调节。

会计的这两项职能是相辅相成，密切结合的。核算是基础，监督需要核算，是在核算中进行监督，也是在监督中进行核算。监督与核算只是在理论上进行的一种抽象划分，实际工作中二者是紧密结合在一起进行的。正因为核算与监督的上述关系，所以我们才从广义的认识角度上说：会计系统具有双重含义，一方面是一个信息系统，另一方面它同时也是一个管理系统。

会计系统的结构可以按手段划分。其包括电算化会计和手工会计。以计算机作为主要技术手段的会计称为电算化会计，而以手工处理为主要技术手段的会计相对来说就称为手工会计。

二、会计信息化概述

（一）会计信息化的含义

"会计信息化"一词是一个简略的提法，其是对"电子计算机在会计中的应用"的简称。1981年在中华人民共和国财政部、原中华人民共和国第一机械工业部和中国会计学会的支持下，由第一汽车制造厂和中国人民大学联合发起，在长春第一汽车制造厂召开了"财务、会计、成本应用计算机专题讨论会"，在这次讨论会上正式将"电子计算机在会计中的应用"简称为"会计信息化"。随着会计信息化的发展，"会计信息化"一词已被人们广泛接受，但是已经成为有特定含义的概念。会计信息化是一项将计算机技术应用于会计实践的系统工程。

1. 会计信息化是会计现代化的重要内容

"会计信息化"一词中的"化"字使人联想到"工业自动化""四个现代化"，随着科学技术的发展和计算机的推广及应用，会计离不开计算机技术，会计信息化就是实现电子计算机在会计领域中的应用，以计算机为技术手段帮助人们完成会计核算与监督工作。实质上会计信息化是会计手段的现代化，它是会计现代化的重要内容，它可以促进会计对象现代化、会计人员现代化、会计职能现代化、会计理论现代化等会计的全面现代化。会计信息化是一个发展的概念，在不同时期，衡量会计信息化水平有着不同的标准。

2. 会计信息化是一项系统工程

会计信息化不仅仅是以计算机作为技术手段，不能等同于会计使用算盘、计算器，计算机的使用不仅可以使会计实务发生变化，而且也可以使会计理论发生变化。会计信息化不是简单地将会计手工核算内容放入计算机中，利用计算机代替人工进行记账、算账、报账及其他数据处理，而是将充分发挥人的主观能动性，集中精力研究和分析数据，充分发挥会计的职能，加强管理，提高经济效益。

会计信息化首先是一项工程。工程是将一定的科学知识、原理应用于实践的一系列工作过程的总称。工程包括硬工程和软工程。工程的主要特征是：第一，具有一定的实施对象，即工程对象，如基建工程的建筑物；第二，它运用一定的科学知识和技术手段及方法；第三，它是由一系列工作组成，即往往由若干相互联系的工作组成。会计信息化是一项工程，因为其符合工程的特点，其工程对象就是会计实际工作。其必须运用多方面的科学知识和手段，如计算机、会计等方面的知识和手段，其也是由一系列的工作内容组成的。

会计信息化是一项系统工程。系统工程是一门综合性工程技术，它是从系统的整体性观点出发，把工程对象作为一个系统对待，运用系统的思想、方法、程序、组织及各种技术，使工程及工程对象从总体达到最优效率的目标。

系统工程的特点是：将工程对象看作是一个系统；将技术手段、方法系统化，即运用系统的思想、组织、程序、技巧和方法对工程对象进行规划、研究、分析、设计、实现和运行，将工作过程化，将工作方式系统化。

系统工程的工作程序一般包括：形成目标及规划、系统分析、系统设计、系统实现、系统转换、系统运行及维护。

会计信息化是一项系统工程，具体表现在：其工程对象——会计实务是一个系统，它运用系统的观点将会计系统分解成若干个组成部分；将技术手段、方法、工作过程系统化，即采用系统的思想、进行系统的组织、运用系统的方法，将工程区分成若干个工作阶段——系统分析、系统设计、系统实施等。

会计信息化含义有广义的会计信息化和狭义的会计信息化。广义的会计信息化是从系统工程的角度，是指将电子计算机技术应用于会计实践的系统工程，包括系统（软件）的开发、系统的操作与运行使用、系统的维护与管理。狭义的会计信息化从计算机应用的角度，是指会计软件应用的具体工作，只包括系统（软件）的操作与运行使用。

（二）手工会计系统与会计信息化系统的关系

1. 手工会计系统与电算会计系统的联系（共同点）

（1）系统目标相同。无论是手工会计系统还是电算会计系统，其目标是都要提供真实可靠的会计信息，加强管理，参与经营决策，提高经济效益。

（2）都要遵守有关会计法规。无论是手工会计系统还是电算会计系统，都要遵守有关会计法规，如会计法、会计准则等。

（3）都要保存会计档案。无论是手工会计系统还是电算会计系统，都要保存会计档案，如会计凭证、会计账簿、会计报表以及其他会计资料。

（4）都要遵循基本的会计理论与方法。无论是手工会计系统还是电算会计系统，都要遵循基本的会计理论与方法，如资产等于负债加所有者权益，有借必有贷、借贷必相等，编制资产负债表、利润表、现金流量表、所有者权益变动表等会计报表。

（5）数据处理的基本功能相同。无论是手工会计系统还是电算会计系统，都具有五项数据处理的基本功能，即数据收集和输入、数据存储、数据加工、数据传输和数据输出。

2. 手工会计系统与电算会计系统的区别

（1）使用的工具不同。手工会计系统使用的工具是算盘、计算器、纸张。电算会计系统使用的工具是电子计算机。

（2）信息存储载体不同。手工会计系统的信息主要以纸张为载体进行存储。电算会计系统的信息除了部分必要的以纸张为载体进行存储之外，主要以磁性材料（硬盘、移动硬盘、U盘等）为载体进行存储。

（3）记账规则不同。手工会计系统账簿记录的错误采用画线更正法，总账与明细账采用平行登记，大多数单位采用科目汇总表会计核算程序，登记总账必须依据编制的科目汇总表。电算会计系统不能采用画线更正法，总账与明细账不采用平行登记，可以采用多种会计核算程序，而且编制科目汇总表不是登记总账的必经程序。

（4）岗位人员不同。手工会计系统会计部门一般设置若干手工会计工作岗位。如设置工资、材料、固定资产、成本等岗位用于专门的业务核算，设专人负责记账、编制报表工作。电算会计系统会计工作岗位的设置不同，如需设置电子计算机硬件、软件及操作人员，要求会计人员即懂会计又懂计算机应用。

（5）内部控制方式不同。电算化会计系统相对于手工会计系统的内部控制方式发生了变化。取消了有些控制措施，如平行登记、账证核对、账表核对等；加强了有关控制措施，如输入人和审核人不能是同一个人，未经审核不能记账等；增加了新的控制措施，如设置操作人员口令与权限、数据备份等。

（三）会计信息化发展的基本阶段

会计信息化发展的基本阶段主要经历了单项处理阶段、综合处理阶段、管理信息系统阶段，目前正朝着决策支持系统方向发展。

单项处理阶段，利用计算机代替人工成批处理大量数据。基本特征是：程序简单，程序和数据相互不独立，无数据管理。如账簿登记、科目汇总。

综合处理阶段，利用计算机控制某一管理子系统。基本特征是：程序已构成一个系统，以文件来实现一定的数据管理、程序和数据相互独立，使用比较灵活。如工资核算、账务处理。

以上两阶段称为电子数据处理阶段，简称"EDP"（electronic data processing）。

管理信息系统处理阶段，利用计算机控制整个管理系统的信息，统一处理和调节信息流程。管理信息系统（management information system，MIS）的基本特征是：以文件和小型数据库作为数据管理的软件支持，数据共享性提高，容量增大。此时将会计系统开发成为具有管理功能的软件，且与其他管理子系统有机结合形成完整的管理信息系统。

决策支持系统处理阶段，在管理信息系统的基础上，建立了完整的数据管理系统和数据模型库，为决策者提供决策方案。决策支持系统（decision support systems，DSS）基本特征是：数据冗余度减到最小，数据可以无限扩张，有分布式终端，构造网络。如管理会计系统，各种经济模型等。

会计信息系统的发展趋势就是向网络化方向发展；向会计信息系统与管理信息系统融合方向发展；向与电子商务相结合发展；向会计信息系统与审计信息系统结合方向发展；向会计决策支持系统方向发展；向人工智能在会计领域应用的方向发展。

（四）实现会计信息化的意义

1. 减轻财会人员的工作强度，提高会计工作的效率

实现会计信息化后，只要将原始凭证和记账凭证输入电子计算机，大量的数据计算、分类、存储等工作，都可由电子计算机自动完成。不仅可以把广大财会人员从繁重的记账、算账、报账中解放出来，从加班加点中解放出来，而且由于电子计算机的计算速度是手工的几十倍、几百倍，因而大大提高了会计工作的效率，使会计信息的提供更加及时。

2. 促进会计工作的规范化，提高会计工作的质量

由于在电子计算机应用中，对会计数据来源提出了一系列规范化的要求，在很大程度上促进解决了手工操作中的不规范、易出错、易疏漏等问题，因此，促使会计基础工作规范化程度不断提高，使会计工作的质量得到进一步的保证。

3. 促进工作职能的转变，促进财会人员素质的提高

采用电子计算机后，提高了会计工作效率，财会人员可以有更多的时间和精力参与经营管理，从而促进了会计工作职能的转变。会计信息化的开展，一方面，要求广大财会人员学习电子计算机知识，掌握计算机操作，其中一部分财会人员还学会了开发会计软件，一些著名的商品化会计软件就是由财会人员通过自学计算机知识，逐步摸索开发成功的；另一方面，也使财会人员有了脱产学习的机会，这必然使广大财会人员的素质，随着会计信息化的开展而逐步提高。

4. 为整个管理工作现代化奠定了基础

根据一些企业统计，会计信息占企业管理信息的 60%~70%，而且多是综合性的指标。首先，实现会计信息化后，就为企业管理手段现代化奠定了重要的基础，就可以带动或加速企业管理现代化的实现；其次，行业、地区实现会计信息化后，大量的经济信息资源可以得到共享，通过计算机网络可以迅速了解各种经济技术指标，极大地提高经济信息的使用价值。

5. 促进会计自身的不断发展

会计信息化不仅仅是会计核算手段的变革，还必将对会计核算的方式、内容、方法、会计核算资料的保存，以及会计理论等产生极大的影响，使其进入一个更高的发展阶段。

三、会计信息系统开发方法

（一）生命周期法

会计信息系统的生命周期，指的是从系统开发任务的提出，经过系统分析、系统设计、系统实施和系统运行维护等几个阶段的全过程。

用会计信息系统的生命周期法开发会计信息系统基本过程包括以下几个方面。

1. 提出系统开发要求

当用户对原有的会计信息系统（手工的或计算机的）感到不能令人满意时，就会提出开发新的信息系统的要求，这是会计信息化系统开发的起点。由于用户对会计信息化系统的了解不多，他们提出的要求可能是不明确的，而且往往缺乏量化标准，作为开发人员应在今后的工作中帮助用户逐步明确这些要求。

系统开发任务的提出主要是初步确定系统开发的目标、要求、内容、方式、时间等。较大的系统开发项目，其系统开发的任务通常以书面形式提出，具体的方式可以是下列几种形式之一：系统开发工作计划、系统开发任务书、系统开发申请书、系统开发委托书。虽然形式是多样的，但其内容是基本一致的。

2. 初步调查

会计信息化系统开发的负责人在接受开发任务后，应对企业情况进行初步调查，以判断企业的开发要求是否可行，为下阶段的可行性分析提供资料。初步调查实践的难度较大，主要凭个人的经验。初步调查的内容包括：企业的目标和任务、企业概况、外部环境、现行系统的概况、新系统的开发条件、对新系统的要求与意见等。

系统的初步调查主要是概括地了解现行系统的情况及其对信息的总需求，为系统的可行性分析及后续详细调查和逻辑设计提供基础资料。初步调查的主要工具是初步调查的提纲，其工作成果是记录调查结果的工作底稿。

3. 可行性分析

在初步调查的基础上，应当对提出的开发项目的可行性进行分析与判断，并将分析结果写成可行性研究报告。可行性研究报告将组织一定的人员进行审定，可行性审核如果获得通过，则项目可以正式进行；如果被否定，则项目就此停止；另一种可能是经审定认为：需要对系统目标做某些修改或等待某些条件满足后，该项目才能正式进行。可行性分析主要从以下几个方面进行。

（1）必要性分析。可行性分析不仅要论证该会计信息化系统的可能性，而且首先要分析其必要性。虽然从总的来看，开发会计信息化系统对于提高管理效率和经济效益是必要的，是实现管理现代化的必然趋势，但这并不意味着对每个用户当前都是必要的，而要分析每个用户的具体情况，对新系统开发的必要性做出实事求是的判断。

（2）技术可行性分析。技术可行性分析是指从技术条件和技术力量两方面来分析会计信息化系统实现的可能性。会计信息化系统的开发涉及会计学、系统工程、计算机技术、通信技术等多种学科和技术，因此在进行技术可行性分析时，应以已经成熟的并已商品化的技术，来论证新系统所需的各种技术要求在当前条件下能否达到。

（3）经济可行性分析。经济可行性分析就是估算会计信息化系统的开发、运行将消耗的成本和系统建成后可能取得的经济收益，将成本与收益相比较，判断其在经济上是否合算。因此，经济可行性分析包括成本分析和收益分析两个方面。系统的成本包括设备购置费用、系统研制费用、系统运行维护费用等。系统的收益包括直接收益和间接收益。

（4）组织可行性分析。组织可行性分析是指对一些社会、体制、人的心理等对系统开发有影响的环境因素进行分析，包括社会政治和经济形势的影响分析、用户内外环境的稳定性分析、用户目前的管理状况分析等。

系统的可行性分析主要是分析论证系统开发在技术、经济、组织等方面是否必要和可能，为系统是否进一步开发做出科学的结论。系统的可行性分析主要采用可行性分析的方法，形成系统可行性分析报告。

系统开发最初的四个步骤是系统开发的第一个阶段，可统称为可行性研究阶段。

4. 详细调查

可行性论证通过后，系统开发进入实质性阶段。此时首先应对企业进行详细调查，以便掌握现行信息系统的详细情况，包括企业的组织机构、管理职能、业务处理过程以及信息处理流程等。详细调查的另一个重要目的是掌握现有信息系统存在的缺陷与不足以及可能采取的改进办法，这对于下一步的逻辑设计来讲是十分重要的。

系统的详细调查主要是详细、全面地了解现行系统情况，发现存在的具体问题，为系统的逻辑设计提供资料。系统详细调查的工具及成果有：组织机构图、功能层次图、业务流程图。

5. 系统逻辑设计

在现有系统的现状及存在的问题已经调查清楚的基础上，就可以针对现有系统存在的问题以及用户的要求来设计新系统的逻辑模型。逻辑模型是从信息处理的角度对系统的一种抽象，是指系统能干什么、具有什么样的管理功能以及为完成这些功能所需要的信息处理流程等。提出并最后确定系统逻辑模型的过程，即称为系统逻辑设计。新系统的逻辑模型加上必要的文字说明即构成系统分析报告，该报告也应组织一定人员进行审定。审定的结果同样有三种可能：通过、否定或需要进一步修改。如果是第三种情况，系统开发人员需要重新进行详细调查，并在此基础上对系统逻辑模型做出必要的修改，以期再次审查时能获得通过。

系统的逻辑设计主要是确定新系统的目标，建立系统的逻辑模型，形成完整的系统分析报告，为系统设计、程序设计、系统维护提供资料。系统逻辑设计主要工具及成果有：数据流程图、数据字典、处理逻辑的描述方法、规范化技术、完整的系统分析报告。

系统的详细调查和逻辑设计构成了系统开发的第二阶段，称为系统分析阶段。

6. 系统的物理设计

在系统逻辑模型已经得到用户认可的基础上，即可开始考虑所要求的逻辑功能和信息处理流程的具体实现方案，如应用软件采用什么样的总体结构、数据如何组织、计算机如何配置等。这种实现系统逻辑模型的具体技术方案称为系统的物理模型，确定物理模型的过程即称为物理设计。进行物理设计是系统开发的第三阶段，称为系统设计阶段。这一阶段的工作成果是系统设计报告，系统设计报告的讨论是和用户的又一次交流。审定通过后，将按报告提出的技术方案来具体实现新系统。

系统设计包括总体设计和详细设计。总体设计主要是确立系统的总体结构，说明系统的构成以及它的组成部分之间的关系。系统总体设计主要包括：系统的结构设计，采用的主要工具及产生的成果是系统结构图；系统配置设计，采用的主要工具及产生的成果是系统配置平面图、硬件、软件需求明细表。系统的详细设计主要是在系统总体设计的基础上，确定及说明系统和内部的各有关细节，系统的详细设计主要包括下列内容：数据库及数据文件设计，主要工具及产生的成果是数据库设计说明书或数据文件设计说明书；代码设计，其主要工具及产生的成果是代码设计说明书；人机接口设计，主要工具及产生的成果是输入格式、输出格式、屏幕（人机对话）格式清样；模块设计，主要工具及产生的成果为模块设计说明书；系统安全保密设计，其产生的成果为系统安全保密设计说明书，可将其说明书分别附在相应的模块设计说明书、数据文件设计说明书、系统配置图和硬件需求明细表之后。

7. 系统实施

在此之前，系统开发一直停留在计划、讨论上，系统设计报告通过后，即可投入大量的人力、物力和财力按照既定的方案来具体实现这个系统：计算机的购置及安装调试、大量应用程序的编写与调试、原始数据的输入、人员培训等。这些大量的相互联系又相互制约的工作同时展开，需要精心的组织与协调，否则会贻误进度。直到整个系统的调试完成、试运行后，即可交付用户正式使用。这就是系统开发的第四阶段——系统实施阶段。

系统实施就是系统实现，它是以系统设计阶段确定的物理模型——系统设计报告，以及系统分析阶段确定的逻辑模型——系统分析报告为依据，建立一个可交付用户实际运行使用的系统。系统实施文档资料除包括前两阶段所列举的外，还包括系统实施报告。具体主要包括：程序设计说明书（包括框图、清单）；用户操作手册；系统调试记录与报告；人员培训要求与计划；会计信息化系统管理制度；系统维护报告；系统评价与评审报告。

8. 系统的运行、转换、维护

新系统试运行通过、交付用户后，系统开发工作就结束了，会计信息系统进入生命周期的实际使用阶段。信息系统进入实际使用阶段应当进行会计信息系统的转换，系统转换方式有以下几种。

（1）直接转换。直接转换是规定一个时点，在规定的时点停止原有系统的工作，改用新系统继续进行业务处理。

（2）并行转换。并行转换是指规定一个时间段，在这段时间内原有系统继续正常工作，新系统也开始投入使用，新旧系统同时处理同一业务，以便互相核对并及时发现和纠正新系统存在的问题。

（3）分段转换。分段转换是指在进行系统转换时，分期分批，逐个子系统甚至是逐个模块进行转换。

系统投入实际运行后，由于种种原因，仍要不断地进行修改，包括修正错误、扩展功能和适应环境的某些变化，这就是系统维护。系统运行若干时间后，当环境的变化对系统提出更高的要求，而修改原有的系统已无法满足这种要求时，新系统的开发要求又提到日程上来了，开始下一轮新的系统开发过程。

会计信息系统的生命周期法开发的基本过程如图 2-1 所示。会计信息系统的生命周期法的特点是：开发过程有明显的阶段性；开发是一个循环过程，不是简单重复而螺旋式地上升，是一个不断发展和提高的过程；用户至上，每一个开发阶段及开发步骤不仅要从用户的需求出发，而且要得到用户的同意。

（二）原型法

1. 原型法的概念

在获得用户基本需求的基础上，投入少量人力和物力，尽快建立一个原始模型，使用户及时运行和看到模型的概貌和使用效果，并提出改进意见，开发人员进一步修改完善，如此循环迭代，直到得到一个用户满意的模型为止。

2. 建立原型法的开发流程

原型法的开发流程如图 2-2 所示。

原型法具有明显的优点，其开发周期短，见效快，可以边开发边使用，较适合于开发环境和管理体制多变、系统结构不稳定的情况。

3. 原型法的特点

（1）开发过程是一个循环往复的反馈过程，它符合用户对计算机应用的认识逐步发展、螺旋式上升的规律。

（2）原型法很具体，使用户能够很快接触和使用系统，容易被不熟悉计算机应用的用户所接受。

（3）原型开发周期短，使用灵活，适用于小型软件或管理体制和组织结构不稳定、有变化的软件的开发。

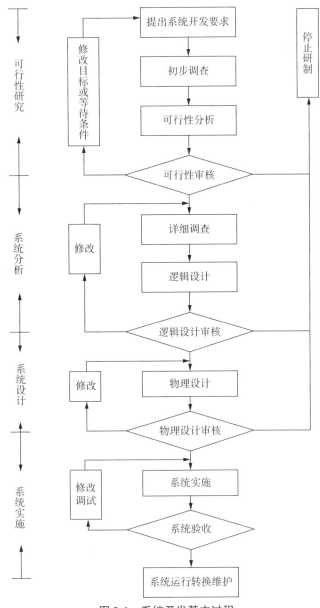

图 2-1　系统开发基本过程

（三）面向对象法

1. 面向对象的软件开发方法概述

其能够用计算机逻辑来描述系统本身，包括系统的组成、系统的各种可能状态以及系统中可能产生的各种过程和过程引起的系统状态切换。

面向对象的问题求解就是力图从实际问题中抽象出这些封装了数据和操作的对象，通过定义其属性和操作来表述它们的特征和功能，通过定义接口来描述它们的地位及与其他对象的关系，最终形成一个广泛联系的可理解、可扩充、可维护和更接近于问题本来面目的动态对象模型系统。

2. 面向对象的软件开发过程

面向对象的分析（Object-Oriented Analysis，OOA）、面向对象的设计（Object-Oriented Design，OOD）和面向对象的实现（Object-Oriented Programming，OOP）三个阶段。

（1）面向对象分析（Object-Oriented Analysis，OOA）提出 OOA 逻辑模型。

（2）面向对象设计（Object-Oriented Design，OOD）设计软件系统应该"怎么做"。在 OOA 模型的基础上进行人机界面设计、系统资源管理功能设计和系统与数据库接口设计，并进一步扩充 OOA 模型。这三部分设计再加上 OOA 逻辑模型，构成了最初的 OOD 物理模型，然后对该模型做进一步的细化设计和验证。

（3）面向对象实现（Object-Oriented Programming，OOP）选择一种合适的面向对象的编程语言，如 C++、Object Pascal 或 Java 等，具体编码实现对详细设计步骤所得的公式、图表、说明和规则等软件系统各对象类的详尽描述。

3. 面向对象软件开发方法的优势

面向对象软件开发方法的优势具有可重用性、可扩展性、可管理性。

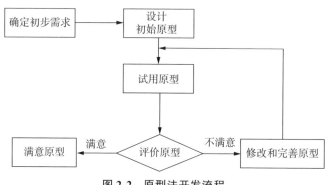

图 2-2 原型法开发流程

四、会计软件种类与选择

（一）我国会计软件的基本类型

会计软件按适用范围分，包括专用会计软件、通用会计软件；按运行环境分，包括单用户会计软件、多用户会计软件、网络会计软件。目前我国通用商品化会计软件主要有用友软件和金蝶软件。

（二）会计软件取得方式

1. 企业自行开发

这种方式的特点是：系统性、质量性好；实用性强，便于运转；计算机与会计人员配合难度大；计算机人员熟悉业务开发时间较长；在维护运行方面计算中心与财务配合不好。

2. 委托外单位开发

这种开发方式的优点是：系统性强，质量高，开发时间短；实用性强；能与财会部门配合，满足需要。缺点是：系统维护困难，维护依赖性强，需要较高的维护成本。

3. 企业与外单位联合开发

这种方式的特点是：开发由企业和外单位共同进行；力量强，开发周期短；实用性强；便于维护；质量较高；财务、计算中心与外单位配合较难。

4. 购买商品化软件

这种方式的特点是：开发时间少；质量高；实用性取决于软件质量；维护视软件本身质量，软件开发单位售后服务及自身计算机技术人员力量。

5. 行业推广软件

这种方式的特点是：实用性较强，有时也难以满足特殊需要；质量高低视开发单位水平而定；开发时间短；统一维护。

（三）商品化会计软件的选择

商品化会计软件的选择应当注意以下事项。

1. 合法性

是否符合有关政策、法律制度，是否为正版软件。

2. 适用性

是否适合本企业硬件，是否适合本企业业务规模和特点，是否适合人员条件和基本工作条件。

3. 通用性

是否可以在企业直接应用，减少二次开发，了解其他用户使用情况。

4. 先进性

运行效率、保密、方便性、可维护性、可扩充性。

5. 服务性

是否具有良好的技术培训、软件维护、版本更新等售后服务。

6. 价格性

价格是否合理，价格不仅包括一次投入的软件价格，还应包括售后服务费用等。

五、会计信息化系统内部控制（管理）制度

内部控制制度是一个系统（单位）的内部各个子系统（部门、个人）为了保护财产的安全完整，保证会计及其他数据正确可靠，保证国家有关方针、政策、法令、制度和本单位制度、计划贯彻执行，提高经济效益，利用系统的内部分工而产生相互联系的关系，形成一系列具有控制职能的方法、措施、程序的一种管理制度。

内部控制制度的基本目标是保护财产安全完整；提高数据的正确性、可靠性；贯彻执行方针、政策、法令、制度、计划；是审计的依据之一。

（一）会计信息化系统的内部控制制度主要方式

1. 组织控制

组织控制就是在电算化会计系统中划分为不同的职能部门。如可将财务部门下设业务核算部门和计算机部门。

2. 授权控制

授权控制就是规定电算化会计系统有关人员业务处理的权限。如签发支票须经财务主管批准盖章；如记账凭证须经审核人员审核后方可输入计算机等。

3. 职责分工控制

职责分工控制就是规定同一个人不能处理"职责不相容"的业务。如出纳与记账必须实行分管。

4. 业务处理标准化控制

业务处理标准化控制就是规定有关业务处理标准化规程及制度。如可以把各项业务处理方式、方法、要求编成工作手册，以供业务处理时遵照执行。

5. 软件的安全保密控制

软件的安全保密控制就是规定软件维护、保管、使用的规程及制度。如制定软件维护、修改规程。

6. 数据文件的安全保密控制

数据文件的安全保密控制就是规定数据维护、保管、使用的规程及制度。如制定数据备份制度，规定数据使用权限，建立操作运行日志，建立严格的会计档案保管制度等。

7. 运行控制

运行控制包括输入、处理、输出控制三个方面。

（1）输入控制。输入控制主要对输入数据的真实性、准确性进行控制。如二次输入校验、平衡校验、总数校验等。

（2）处理控制。处理控制主要对业务处理程序、方法进行控制。如输入计算机中记账凭证未经审核不得记账，已记账凭证不得修改等。

（3）输出控制。输出控制主要对输出数据的真实性、准确性进行控制。如用已结账数据打印账簿，应给予必要的标识。

8. 会计档案管理制度

会计档案管理制度主要是建立和执行会计档案立卷、归档、保管、调阅、销毁等管理制度。

（二）会计信息化系统内部控制特点

1. 会计信息化系统构成发生了变化

会计信息化系统从物理结构上看主要包括计算机硬件、软件、机构及人员、数据及规程等。因此，会计信息化系统内部控制必须针对计算机系统的特点，制定有关会计信息化系统中计算机硬件和软件等方面操作、维护和管理制度。

2. 会计工作流程和工作重点发生了变化

实行会计信息化后，会计人员不再需要手工记账、算账和编制报表，输入记账凭证后，凭证通过计算机自动进行核算和编制报表工作；凭证的输入和审核成为日常人机交互操作的主要工作；使用计算机后存货可以采用实际成本计价；对大量的固定资产可以进行个别计提折旧，进行详细的部门核算等；电算化后会计人员将更多地参与企业经营管理和决策。

3. 对会计人员的协作性提出了更高要求

会计软件通常由多个功能模块组成，每个功能模块处理特定部分的会计信息，各功能模块之间通过信息传递相互联系，完成日常会计核算业务，会计人员相互协作完成账务处理、工资核算、材料核算、固定资产核算、成本核算、产、成品销售核算、应收应付款核算、存货核算、会计报表生成与汇总等；会计人员将进一步完成会计管理和控制工作，如资金筹集管理、流动资金管理、成本控制、销售收入和利润管理等，帮助决策者制定科学的经营决策和预测；尤其是在网络的情况下，会计人员在不同的工作站共同使用同一个会计软件，彼此的凭证传递、交接都是通过计算机进行的，相互之间联系非常紧密，一个操作员出现问题，会影响其他工作的顺利进行。因此要求各会计人员之间必须加强协作，只有这样才能顺利进行会计信息化工作。

4. 内部控制的内容和重点发生了变化

由于计算机自动进行总账和明细账的核对工作，手工条件下的总账、明细账的核对工作可以取消，记账凭证的审核工作变得更加重要和关键。计算机软件开发人员对软件结构和设计非常熟悉，他们有能力进行非正常的数据修改，因此必须限制计算机软件开发人员操作会计软件进行会计核算工作，尤其是不能兼任出纳工作，等等。

5. 会计人员分工和职责发生了变化

实现会计信息化后，会计人员必须操作会计软件才能够进行会计核算工作；其次，会计人员必须改变原有的工作习惯，以适应会计信息化工作的要求；会计信息化工作必须增设一些新的岗位，同时需要减掉一些不适应电算化工作的岗位。这就使会计人员的分工、职责发生了很大变化。

6. 提高了对会计人员素质的要求

一是要求会计人员必须具有一定的计算机应用知识与技能；二是因为会计软件的许多自定义功能，要求会计人员必须精通业务处理，只有这样才能做各种转账公式、数据来源公式、费用分配公式等操作；三是因为解脱会计人员繁杂的计算和抄写工作后，要求会计人员参与企业的经营管理和决策，对会计信息进行综合分析和利用。

7. 会计档案的形式和内容发生了变化

会计信息化的会计档案包括打印输出的各种账簿、报表、凭证和存储在计算机软硬盘及其他存储介质中的会计数据、程序，以及软件开发运行中编制各种文档和资料。许多会计档案存储介质发生了变化。因此，必须严格管理各种形式的会计档案。

（三）会计信息化内部控制制度的基本内容

1. 岗位及岗位责任制度

岗位及岗位责任制度主要是规定会计信息化系统岗位设置及人员分工，并明确其职责。目的是为实现电算化会计系统内部控制制度提供组织保证，做到合理分工、责任明确、相互配合、相互制约。

2. 计算机硬件、软件管理制度

计算机硬件、软件管理制度主要是规定会计信息化系统中硬件、软件管理要求。目的是为实现电算化会计系统内部控制制度提供物质保证，做到安全、可靠、高效、经济。

3. 会计软件操作管理制度

会计软件操作管理制度主要是规定会计信息化系统中会计软件操作运行规程。目的是为实现电算化会计系统内部控制制度提出软件运行过程及要求，做到及时、真实、准确、完整地提供会计信息。

4. 会计档案管理制度

会计档案管理制度主要是规定会计信息化系统中资料及数据管理的有关要求。目的是为实现电算化会计系统内部控制制度提出信息管理规定，做到妥善保管、安全完整、充分利用、方便审计。

（四）建立会计信息化内部制度应注意的问题

1. 要做到单位领导重视

会计信息化系统涉及单位内部很多部门，而且单位内部各职能部门、会计工作各岗位等方面通常还必须进行必要的调整，包括组织机构的设置和会计信息化岗位设置等。因此，单位领导应当协调单位内各部门共同搞好会计信息化内部管理制度的建设和落实工作。

2. 要由财务会计部门具体负责

财务会计部门是会计信息化内部管理制度的具体执行和落实部门，因此在各个部门的配合下，财务会计部门应当负责和承担岗位的分工、会计信息化内部管理制度的制定、有关会计人员的调整等工作。

3. 要遵守国家的有关规章制度

如遵守会计法、企业财务通则、企业会计准则、分行业会计制度、分行业财务制度、会计基础工作规范、会计信息化工作规范、会计档案管理办法等。

4. 要适合本单位特点

开展会计信息化工作的单位，应根据本单位管理工作需要、会计核算的特点和手工管理的经验，改善其中不合理部分，制定出适合本单位会计工作管理要求的会计信息化内部管理制度；应该满足本单位当前的实际需要，并考虑今后工作发展的要求；还应根据执行中发现的问题，逐步完善和提高。

5. 要注意其可操作性

要注意制度的合理性、全面性、清晰性，制度应当具体明确、通俗易懂、简便易行、可操作性强，以便会计人员掌握和执行，并能够据以考核会计信息化人员的工作情况。

6. 要学习先进经验

应该参考会计信息化工作开展成功的单位的有关制度，这样可以迅速建立本单位有关制度，少走弯路。

7. 要满足审计要求

计算机在会计工作中的应用对审计工作产生了很大影响，包括改变了审计线索、内部控制和审计的内容等。

8. 要考虑电算化的特点

应加强电算化内部控制的有关内容，及时调整会计核算方法、工作流程和会计工作重点。

9. 要加强人员的协作性

所有操作软件的会计人员都应该有整体配合的精神，紧密合作加强协作。建立了以会计信息化为核心的计算机管理信息系统之后，应该使会计人员认识到在信息资源共享的情况下，会计人员如不密切合作会导致系统发生混乱。

10. 要组织有关人员培训和学习

目的是使会计人员都认识到会计信息化内部管理制度的重要性，理解制度的具体内容，自觉执行内部控制制度。

11. 要有相应的落实措施

会计信息化内部管理制度要达到预期的目的关键是落实，要有制度、有措施，要有责、有权、有利，要定期检查执行情况、严格考核。对于会计信息化内部管理制度执行好的个人和部门，应该给予物质和精神奖励；对于不按照制度执行的个人和部门，要进行批评，对造成损失的应该追究责任。

（五）岗位及岗位责任制

1. 会计信息化岗位的划分

实行会计信息化的单位，要建立会计信息化岗位责任制，要明确每个工作岗位的职责范围，切实做到事事有人管，人人有专职，办事有要求，工作有检查，这是建立会计信息化岗位责任制的原则。按照会计信息化的特点，在实施会计信息化过程中，各单位可以根据内部控制制度的要求和本单位的工作需要，对会计岗位的划分进行调整和设立必要的工作岗位。会计信息化后的工作岗位可分为基本会计岗位和电算化会计岗位。

基本会计岗位可分为：会计主管、出纳、会计核算各岗、稽核、会计档案管理等工作岗位。各基本会计岗位与手工会计的各岗位相对应，基本会计岗位必须是持有会计证的会计人员，未取得会计证的人员不得从事会计工作。基本会计工作岗位可以一人一岗、一人多岗或一岗多人，但应当符合内部控制制度的要求。出纳人员不得兼管稽核、会计档案保管和收入、费用、债权债务账目的登记工作。基本会计岗位的会计人员还应当有计划地进行轮换。会计人员还必须实行回避制度。

电算化会计岗位是指直接管理、操作、维护计算机及会计软件系统的工作岗位，实行会计信息化的单位要根据计算机系统操作、维护、开发的特点，结合会计工作的要求，划分会计信息化工作岗位。大中型企业和使用大规模会计信息化系统的单位，电算化可设立如下岗位。

（1）电算主管。负责协调计算机及会计软件系统的运行工作。要求具备会计和计算机应用知识以及有关的会计信息化组织管理的经验。电算化主管可由会计主管兼任，采用大中型计算机和计算机网络会计软件的单位，应设立此岗位。

（2）软件操作。负责输入记账凭证和原始凭证等会计数据，输出记账凭证、会计账簿、报表和进行部分会计数据处理工作。要求具备会计软件操作知识，达到会计信息化初级知识培训的水平。各单位应鼓励基本会计岗位的会计人员兼任操作岗位的工作。

（3）审核记账。负责对已输入计算机的会计数据（记账凭证和原始凭证等）进行审核，以保证记账凭证的真实性、准确性；操作会计软件登记机内账簿，对打印输出的账簿、报表进行确认。此岗位要求具备会计和计算机应用知识，达到会计信息化初级知识培训的水平，可由主管会计兼任。

（4）电算维护。负责保证计算机硬件、软件的正常运行，管理机内会计数据。此岗位要求具备计算机应用和会计知识，经过会计信息化中级知识培训。采用大中型计算机和计算机网络会计软件的单位，应设立此岗位。此岗位在大中型企业中应由专职人员担任，维护员不应对实际会计数据进行操作。

（5）电算审查。负责监督计算机及会计软件系统的运行，防止利用计算机进行舞弊。审查人员要求具备会计和计算机应用知识，达到会计信息化中级知识培训的水平。此岗位可由会计稽核人员或会计主管兼任。采用大中型计算机和大型会计软件的单位，可设立此岗位。

（6）数据分析。负责对计算机内的会计数据进行分析。要求具备计算机应用和会计知识，达到会计信息化中级知识培训的水平。采用大中型计算机和计算机网络会计软件的单位，可设立此岗位。此岗位可由主管会计兼任。

（7）档案管理。负责磁盘或光盘等数据、程序，打印输出账表、凭证等各种会计档案资料的保管工作，做好数据及资料的安全保密工作。

（8）软件开发。主要负责本单位会计软件的开发和软件维护工作。由本单位人员进行会计软件开发的单位，设立此软件开发岗位。

基本会计岗位和电算化会计岗位，可在保证会计数据安全的前提下交叉设置。

2. 会计信息化岗位责任制

（1）电算主管岗位责任制（系统管理员）。

①制订及修改本单位电算化内部管理制度，保证与监督制度执行。

②负责制订会计信息化总体规划及具体计划，提出软件更新、修改、开发需求报告，组织单位软件系统运行。

③负责从整体上协调和管理会计信息系统，会计信息系统运行环境的建立，组织负责本单位会计信息系统的软硬件及网络设备的安装和调试。

④负责组织系统验收、评审、转换工作，负责人员培训工作。

⑤负责会计人员岗位分工，合理调整人员分工。为每个操作员分工授权并赋予初始口令，保证合理分工，实现内部牵制。对本系统各岗位人员的工作质量进行考评。

⑥负责电算化系统的日常管理工作，监督保证电算化系统的正常运行。检查计算机输出账表数据的正确性和及时性。在系统发生故障时，能及时组织有关人员尽快恢复系统的正常运行。

⑦负责对会计信息系统的硬件设备和会计软件的运行情况进行定期检查，确保系统的正常运行。

⑧负责本系统会计数据的安全性、正确性、及时性和保密性的检查。

⑨负责电算化系统硬件、软件、数据修改和更新及调用的审核工作。

⑩会计软件不能满足本单位需要时，应与开发软件单位及服务单位联系，进行功能改进。

⑪负责对会计信息化工作进行考核与总结。

（2）软件操作岗位责任制。

①负责对所分管的财务业务中的原始凭证进行审查、汇集的工作，应根据审核后会计凭证（单据）输入有关数据。

②在输入过程中，对发现的手工会计数据有错误时，应及时向系统管理员或会计主管反映，不得擅自作废或修改（专职会计兼任除外），应予退回更正。

③在数据输入完毕后进行自检核对工作，确定无误后交审核员复核。数据输入操作完毕，应进行自检核对，发现输入错误应及时修改。

④对审核人员指出的数据输入错误应及时进行修改。

⑤严格按照操作程序操作计算机和会计软件，及时做好数据备份。

⑥及时进行所分管业务的除记账、结账以外会计数据处理工作，及时按规定打印输出有关会计数据。

（3）审核记账岗位责任制。

①负责审查核对会计核算初始数据（会计科目、期初数据等），未经审核通过应禁止会计软件投入日常运行使用。

②负责审核原始凭证的真实性、准确性，对不合乎规定的原始单据不得作为记账凭证依据。

③负责审核输入机内会计凭证及数据，对不符合规定凭证（单据）及数据通知或退还有关人员，有关人员更正修改后再进行审核，审核通过后应予以确认。

④负责计算机记账工作，记账工作应及时进行，打印出有关账表。

⑤负责对打印输出的账簿、报表、单据进行确认签章，保证机内数据与打印输出数据的一致性。

⑥负责结账工作，结账前应检查当期数据是否全部入账和是否正确，不得提前结账，要防止误结账造成不能合理进行各个会计分期核算的错误。

⑦审核记账人员不得兼任出纳工作。

⑧不得修改操作人员已输入的数据，发现错误应通知输入人员修改。

（4）电算维护岗位责任制。

①定期检查硬件、软件运行情况。

②经常对有关设备进行保养，保持机房和设备的整洁，防止意外事故的发生。

③负责定期的病毒检查和清理工作。

④及时排除会计信息化系统运行中硬件、软件故障。

⑤负责会计信息化系统初始化工作，指导操作人员使用硬件及软件。

⑥负责调整系统初始化设置。

⑦制订硬件、软件使用运行操作规程。

⑧对备份数据进行检查核对。

⑨系统发生故障而产生数据混乱、丢失时，负责恢复工作。

⑩负责会计信息化系统升级换版的调试工作。

⑪填制维护记录，连同有关资料交存档案管理人员。

⑫不得操作会计软件进行会计业务处理工作。

⑬协助电算主管进行系统管理工作。

（5）会计档案管理岗位责任制。

①负责本系统的备份和打印的各种介质的各类账表、凭证、资料的存档保管工作。

②审核各种文档是否符合要求，有关档案须经有关人员签章或标明清晰标志方可存档。

③做好各类档案、资料的安全保密工作，不得擅自出借。经批准允许借阅的会计资料，应认真进行借阅登记。

④按规定期限，向有关人员催交各种有关会计档案资料。

⑤可负责空白账表、打印材料、空白磁盘等消耗材料保管发放。

（6）电算审查岗位责任制。

①监督计算机使用人员是否正确使用有关设备及会计软件，有无违反操作规程现象。

②监督计算机使用人员是否正确使用自己的口令，有无不使用口令或串用口令现象。

③监督操作人员岗位设置及分工是否合理，有无越权使用软件现象。

④监督是否按要求进行备份，备份数据是否与机内数据一致。

⑤负责定期（每周或每月）对计算机病毒检查，发现病毒应向有关领导汇报。

⑥负责定期备份计算机操作使用运行日志，以保存完整软件操作使用记录。

⑦发现系统问题或隐患，应及时向会计主管反映，提出处理意见。

（7）数据分析岗位责任制。

①利用报表功能，对机内数据进行加工，提供各种临时报表。

②对机内会计数据进行分析，编写财务状况说明书等分析报告。

③据有关领导要求，制订适合本单位实际情况的会计资料分析方法和分析模型，提供必要的会计报告。

④利用计算机文字表格功能，完成有关的会计报告文件。

（8）软件开发岗位责任制。

①适应计算机技术发展和会计核算与管理要求进行会计软件开发工作。

②按规定实施软件的完善性、适应性、正确性维护。

③完成软件开发与维护工作，建立相关的文档资料。

④不得操作会计软件进行会计业务处理工作。

软件开发岗位还可以细分为：系统分析员、系统设计员、程序设计员。系统分析员主要职责是：了解用户要求、明确系统目标；进行初步调查，提出初步设计方案及开发计划；组织分析论证，提交可行性分析报告；进行详细调查提出逻辑模型；提供上述有关分析资料，编制项目开发总结报告；组织开发工作。系统设计员主要职责是：依据分析员提供逻辑模型进行物理设计；提出具体计算机配置方案，配置各种硬件和系统软件；进行系统结构设计；进行数据库及数据文件设计；进行输入、输出、人机对话、加工模块设计；进行代码设计；提供各种设计资料。程序设计员主要职责是：依据逻辑模型和物理模型进行程序设计；编制程序框图；编制程序和注释程序；调试程序；编制用户操作手册；提交上述各种文档；参加系统验收审核。

上述提到的会计信息化工作岗位划分，是针对使用大规模会计信息化系统的大型单位，对于会计部门的人数比较少和会计业务比较简单的中小型单位，应根据实际需要对上述电算化岗位进行适当合并，可以采取一人兼任多岗。中小型单位实行会计信息化后的电算化会计岗位设置，应该注意满足内部牵制制度的要求，如输入操作与审核记账不应是同一个人，可由会计主管兼任电算主管、审核记账、电算审查岗位，可以聘任兼职电算维护人员。

六、会计信息化操作管理制度、计算机硬件管理制度与会计信息化软件管理制度

（一）会计信息化操作管理制度

1. 各类操作人员上机操作制度

（1）禁止非指定人员进入机房及操作使用计算机。

（2）严格按操作规程使用硬件。

（3）为每一个操作人员设置密码口令，口令不对严禁使用软件，不得串用口令，注意安全保密，各自的操作口令不得随意泄露，应定期更换操作员的口令。

（4）明确规定上机操作人员对会计软件的操作工作内容和权限，防止操作人员越权使用软件的有关功能。

（5）严格按会计业务处理流程及软件的操作功能操作使用软件。

（6）未经审核会计数据不得输入计算机。

（7）已输入计算机的原始凭证和记账凭证等会计数据未经审核不得登记机内账簿。

（8）操作人员离开机房前，应退出会计软件的运行。

（9）根据本单位实际情况对各类操作人员上机操作做必要的记载，并由专人保存必要的上机操作记录，上机记录包括操作人、操作时间、操作内容、故障情况等内容。

（10）应坚持日常和定期的各项数据备份。正式备份的会计数据，应由指定人员用专用保存柜妥善保存。各种备份的数据均要标明类型、日期及备份人等有关标识。

（11）要定期检查计算机病毒。

（12）应该避免使用来历不明的软盘和各种非法拷贝的软件，不允许在财务系统计算

机上玩游戏、看影碟。

（13）发现系统硬件、软件出现故障，不得擅自处理，应及时报告请求处理。

（14）不准对机内原始数据（凭证）及账簿和报表数据进行程序外直接修改。

（15）在会计软件运行使用过程中，严禁做直接关机操作。

（16）不准在操作计算机时，做不利于系统安全的事情，如吸烟、吃零食等。

2. 会计业务处理规程

会计业务处理规程就是运行会计软件进行会计业务处理的基本步骤及要求的规定。不同的会计核算子系统有不同的会计业务处理规程，如工资核算有工资核算的业务处理规程，账务处理有账务处理的业务处理规程。此项内容可以参阅会计核算软件运行的基本过程及方法。但各个会计核算子系统共性的会计业务处理规程包括系统初始化、日常处理数据手工准备、应用软件的日常运行、应用软件特定处理。在会计业务处理规程中不仅应描述业务处理的基本步骤，还应说明业务处理的具体要求。业务处理的基本步骤可以用图示的方法进行描述。

（二）计算机硬件管理制度

会计信息化系统应配有专门的电子计算机，并且由财务会计部门管理。

计算机硬件设备比较多的单位，财务会计部门可单独设立计算机室，并由专人管理。

会计信息化应用的计算机设备应配备不间断电源。

应经常对有关硬件设备进行保养、清洁、检查。发现计算机硬件故障，应及时报告有关领导，请有关技术人员进行维修，严禁非专业人员拆装和修理计算机。

对于较大故障的计算机维修和计算机硬件升级，应有一定的记录，并保证会计数据的连续性和安全性。

（三）会计信息化软件管理制度

1. 会计信息化软件应用维护管理

（1）会计信息化软件的磁盘、光盘和用户操作手册等资料应作为会计档案管理，不得非法复制及外传。

（2）会计软件出现运行故障，应利用软件提供的功能进行维护，如数据索引、意外中断处理等，维护应按操作使用说明书进行维护，维护操作必须由系统维护员或指定的人员负责。

（3）会计软件出现非软件本身提供功能所能维护的故障，应报告有关领导，并请软件开发服务单位专业技术人员进行维护，非专业技术人员不得对软件本身设计原因出现的故障进行维护。

（4）软件的维护和升级工作，应具有一定记录，并保证会计数据的连续性和安全性。

2. 会计信息化软件程序维护管理

会计信息化软件程序维护包括：正确性维护，即纠正软件投入使用的过程中暴露出来的问题；完善性维护，即使用过程中发现功能不全或运行效率不高时，在原有基础上进行优化处理；适应性维护，即在应用环境发生变化时，如组织机构调整、产品结构变化、新产品开发、人员变更等情况下，及时地做出必要的适应性修正。会计信息化软件程序修改手续：提出软件修改请求报告；由有关领导审批请求报告；原软件程序及数据存档；实施软件修改；进行软件修改后的试运行；形成新的文档资料；记录软件维护修改情况；将新的软件程序备份、文档资料、维护修改记录存档。

七、会计数据管理制度、病毒防范管理制度、网络安全管理制度与会计信息化档案管理制度

（一）会计数据管理制度

会计数据必须按规定进行备份；会计数据备份应用会计软件提供的功能进行备份，不得将系统软件完成的会计数据的备份作为正式备份文件；会计数据备份应使用标签标明备份内容、时间等内容，并使其处于保护状态；会计数据日常备份，由软件操作人员保管，不作为会计档案管理；会计数据结账备份，应采用双备份，并作为会计档案分别保存在不同地点，备份盘应定期复制，以防止数据丢失、损坏；备份数据的内容必须完整，应进行一致性和完整性检验；在软件修改、升级和硬件更换过程中，要保证实际会计数据的连续性和安全性；会计信息系统发生意外数据丢失或损坏时应当按规定由维护人员进行数据恢复；健全必要的防治计算机病毒的措施，定期进行系统杀毒，并应及时对杀毒软件进行升级更新。

（二）病毒防范管理制度

应使用正版杀毒软件；及时升级杀毒软件及病毒库；建立数据备份制度；对软件及数据实施必要的保护措施；定期检测计算机系统；实时监测制度等。

（三）网络安全管理制度

实施访问权限控制；建立系统防火墙；安全地使用个人网络口令；采取必要数据加密措施等。

（四）会计信息化档案管理制度

电算化会计档案管理制度包括会计档案的立卷、归档、保管、调阅和销毁管理制度。

制定基层单位的会计档案管理制度，应针对会计信息化系统的特点和依据《会计档案管理办法》和《会计信息化工作规范》进行。

电算化会计档案，包括存储在计算机中的会计数据（以磁性介质或光盘存储的会计数据）和计算机打印出来的书面形式的会计数据。会计数据是指记账凭证、会计账簿、会计报表（包括报表格式和计算公式）等数据，以及会计软件系统开发运行中编制的各种文档、会计程序及其他会计资料。

1. 用 U 盘、硬盘、光盘等介质存储会计数据的管理要求

（1）不再定期打印输出会计账簿，应征得同级财政部门同意。

（2）保存期限同《会计档案管理办法》规定的书面形式的会计账簿、报表。

（3）记账凭证、总分类账、现金和银行存款日记账仍要打印输出。

（4）要按照有关税务、审计等管理部门要求，及时打印输出有关账簿和报表。

（5）重要会计档案应备双份，并存放在不同地点。

（6）采用磁盘、光盘等介质保存会计档案，要定期进行检查，定期进行复制，防止由于介质损坏造成会计档案丢失。

（7）大中型企业应采用 U 盘、硬盘、移动硬盘等介质存储会计数据。

（8）存有会计信息的磁性介质及其他介质，在未打印成书面形式输出之前，应妥善保管并留有副本。

2. 打印输出会计数据的管理要求

（1）在由原始凭证直接录入计算机并打印记账凭证的情况下，记账凭证上应有录入人员、稽核人员、会计主管人员的签名或盖章。收付款记账凭证还应由出纳人员签名或盖章。打印生成的记账凭证视同手工填制的记账凭证。

（2）要先准备好手工填制的记账凭证，录入系统进行处理的情况下，保存手工记账凭证与机制凭证皆可，采用打印输出机制会计凭证代替手工会计凭证，应按规定进行手工审核及签章。

（3）计算机与手工并行工作期间，可采用计算机打印输出的记账凭证替代手工填制的记账凭证，并根据有关规定进行审核及装订成册，作为会计档案保存，并据以登记手工账簿。

（4）总分类账可以用打印输出的"总分类账本期发生额及余额对照表"替代。

（5）日记账原则上要求每天打印，每天业务量较少不能满页打印的，可以在满页时打印。

（6）明细分类账、总分类账可在满页时打印，也可按月或按季、按年打印，但每年必须打印一次。

（7）在保证凭证、账簿清晰的条件下，计算机打印输出的凭证、账簿中表格线可适当减少。

（8）按要求打印输出的各种记账凭证、会计账簿、会计报表必须由有关人员签章审核确认，并且装订成册立卷、归档。

（9）打印输出书面会计凭证、账簿、报表的，应当符合国家统一会计制度的要求，采用中文或中外文对照，字迹清晰，保存期限按"会计档案管理办法"的规定执行。

3. 会计信息化档案存档要求

（1）会计信息化档案要严格按照财政部"会计档案管理办法"等有关规定要求对会计档案进行管理。

（2）会计软件及有关全套文档资料，视同会计档案保管，保管期截止该软件停止使用或有重大更改后的五年。

（3）每年形成的会计档案，都应由财务会计部门按照归档的要求，负责整理立卷或装订成册。当年会计档案，在会计年度终了后，可暂由本单位财务会计部门保管一年。期满后，原则上应由财务会计部门编造清册移交本单位档案部门保管。

（4）保存的会计档案应为本单位积极提供利用，向外单位提供利用时，档案原件原则上不得外借。

（5）对会计档案必须进行科学保管，做到妥善保管、存放有序、查找方便。

（6）对归档的会计资料要检查会计档案有关人员签名或盖章。

（7）对电算化会计档案管理要做好防磁、防潮、防尘、防盗、防虫蛀、防霉烂和防鼠咬等工作。

（8）严格执行安全和保密制度，会计档案不得随意堆放，严防毁损、散失和泄密。

（9）各种会计资料包括打印出来的以及存储在软盘、硬盘、计算机设备、光盘、微缩胶片等会计资料，未经单位领导同意，不得外借和带出单位。

（10）经领导同意的借阅会计资料，应该履行相应的借阅手续，经手人必须签字记录，存放在磁性介质上的会计资料借阅归还时，还应该认真检查病毒，防止病毒入侵。

（11）对于违反会计档案管理制度行为，应该进行检查纠正，情节严重的应当报告本单位领导和财政、审计机关严肃处理。

第二节　会计软件应用基本过程

一、会计软件操作基本过程

会计应用软件操作基本过程是指软件的进入、使用、退出的基本步骤及方法。会计应用软件操作基本过程包括以下几个步骤。

（一）启动系统软件

启动系统软件的基本原则是从外向里启动，其顺序是：接通电源→打开硬件设备（先开外部设备再开主机）→选择操作系统。

（二）运行会计应用软件

运行会计应用软件的方法有：双击桌面图标；在程序组运行；资源管理器运行；我的电脑运行；开始运行。

（三）输入会计应用软件入口参数

输入会计应用软件入口参数，主要是输入：用户名（操作人员姓名）、用户口令（密码）、日期、账套等参数。

（四）显示和选择会计应用软件菜单

会计应用软件的菜单是其软件提供的功能分类及功能模块选项目录。显示菜单有三种方式：弹出式菜单、下拉式菜单、折叠式菜单。菜单按级别可分为一级、二级至若干级菜单，如账务处理子系统一级菜单主要有记账凭证、账簿、银行对账、账务准备、系统维护等，在记账凭证菜单下有记账凭证编制、审核、汇总等二级菜单。

菜单选择可以通过鼠标在不同菜单上移动，然后单击鼠标即可运行所选中的功能模块；菜单选择也可以通过热键和↑↓←→光标键在不同菜单项上移动，然后敲击回车键即可运行所选中的功能模块。

（五）功能模块的操作

1. 三个区域

功能模块是指最底级菜单调用的具体功能单元。功能模块操作界面通常分为以下三个区域。

（1）系统提示区，主要显示系统的当前状态有关信息，如显示系统功能模块的名称、操作对象、操作人员、会计日期、时间等信息。系统提示区通常显示在屏幕的顶部或底部。

（2）操作提示区，主要是显示该功能模块所提供的各种数据操作功能，通常是一些图标或文字按钮。如增加、存盘、查询、打印、退出等操作。

操作人员可以选择在操作提示区提供的功能按钮来执行具体的数据操作功能。在各个功能模块操作过程中，操作提示区对于操作人员来说是一个十分重要的操作提示信息。操作人员所有想要执行的数据处理一般都可以通过操作提示区提供的功能得以实现。操作人员必须熟悉和正确使用操作提示区提供的具体数据处理功能。

（3）数据操作区，主要显示操作的数据对象，如在记账凭证编制功能模块的数据操作区就是一张记账凭证，所有数据操作都在该区进行。数据操作区一般在计算机屏幕的中部。数据操作区通常采用全屏幕操作，如文件头、文件尾、上一行、下一行、上一页、下一页等。

2. 一般都提供两个最基本的操作功能

在各个功能模块操作过程中，一般都提供两个最基本的操作功能。

（1）应用软件的帮助功能（通常可按 F1 键）。该功能提供如何进行具体操作的详细信息，以帮助操作人员正确操作使用该数据处理功能模块。各种应用软件都提供在线帮助，如何操作使用应用软件，阅读帮助是最好的学习方法。

（2）应用软件的退出功能（有时可按 Esc 健）。该功能可以使操作人员退出该功能模块操作，返回上一级功能操作模块窗口或系统菜单。应用软件使用结束，必须正常退出。

（六）退出系统

退出系统基本原则是从里向外退出，其顺序是：先关主机，再关外部设备，最后切断电源。

关闭主机有软关机和硬关机，软关机是指"开始"中的关闭计算机，硬关机是直接关闭（长按）主机上的开关按钮。

注意：应当尽量使用软关机，万不得已时方可使用硬关机。可以用【Ctrl+Alt+Delete】组合键调用软关机功能。

二、会计软件运行前准备的基本过程——计算机系统配置

（一）硬件的安装与调试

硬件的安装与调试包括计算机机房的装修；空调、电源等附属设施的安装及调试；主机、显示器、键盘、鼠标、打印机、UPS 等安装调试；网络系统的网络硬件、远程工作站及调制解调器安装与调试等。硬件的安装与调试通常由专业技术人员运行。

（二）软件的安装及调试

软件有系统软件和应用软件。

1. 系统软件

系统软件是为了充分发挥硬件的效能和方便人们使用硬件而设计的各种软件。它是由计算机厂家或专门的软件人员开发和提供的。其包括以下几种。

（1）计算机各种语言及汇编程序、编译程序和解释程序。

（2）各种支持软件。如编辑程序、诊断程序、调试程序、电子表格等。

（3）操作系统。操作系统是用于管理计算机各种资源（软件、硬件），提高计算机效率的管理程序。它的主要功能是管理处理机、存储器、外部设备、文件及作业。通常其他软件都是在操作系统下运行的。

（4）数据库管理系统。数据库管理系统是面向数据管理的一种技术，它是管理数据库的一组程序。其主要功能是建立数据库，对数据库中的数据进行输入、修改、排序、检索、合并、删除、复制、输出等操作。

2. 应用软件

应用软件是指为解决各类应用问题而编制的各种软件。应用软件是利用系统软件（如高级语言、数据库管理系统等）开发的，它一般是针对某项具体应用性实际任务开发的。应用软件按其适用范围可以分为两类。

（1）通用软件。是为了解决某类应用问题而编制的通用程序。它可在一定范围内通用。经过优化、组合的通用软件又称软件包。

（2）专用软件。是为解决某一特定应用问题而设计的单独使用的程序。这种软件通常只为单一的用户专门使用。

软件的安装及调试可以由软件提供商协助安装，也可以由用户自行安装。安装软件时需仔细阅读安装使用手册，了解安装的参数；安装软件应当运行安装盘中安装程序，通常安装程序名为 SETUP、INSTALL；一般讲具体按照安装提示的要求进行操作即可完成软件的安装。

安装过程通常要选择安装路径，有时还要进行正版的验证及需要输入软件的序列号等安装参数。运行安装程序通常有以下方法：自动运行；用资源管理器查找运行；用我的电脑查找运行；用开始中的运行功能查找运行。

（三）会计信息化系统应用人员培训

会计信息化系统应用人员培训主要对会计信息化系统中的有关应用人员进行计算机在会计中应用的有关知识培训。应用人员主要分为两类，一是操作运行人员（也叫操作人员）；二是维护管理人员。此外会计信息化系统人员还包括开发人员。

（四）建立应用会计信息化系统内部管理（控制）制度

应用会计信息化系统内部管理（控制）制度主要包括：岗位分工与岗位责任制；操作管理制度；硬件、软件管理制度；会计档案（数据）管理制度，包括系统安全管理制度，如网络安全管理制度、病毒防范管理制度等。

建立会计信息化系统应用内部管理（控制）制度方法：学习国家统一会计制度；学习同类企业的制度；通过网络收集查找有关制度。

（五）设置核算单位（建立账套）

设置会计核算单位就是设置会计主体，一般会计软件称为建立账套。设置会计核算单位就是明确账务处理系统为哪个单位进行核算，并且在计算机系统中建立该单位核算账目。

设置会计核算单位必须输入：核算单位代号（账套号）、核算单位名称（账套名）、建账日期（启用日期）。

设置会计核算单位通常提供增加、修改、删除具体功能；设置会计核算单位允许在一个账建立多个账套，为多家单位进行账务处理核算；一般对已经开始进行核算的单位，不允许删除该会计核算单位。

用友软件是由系统管理员进行设置会计核算单位；并且在系统管理中进行设置会计核算单位，而不在应用平台（各个应用子系统，如总账子系统）中设置。

（六）设置操作人员

1. 操作人员的类别

设置操作人员也叫建立用户。操作人员通常分为以下三类。

（1）系统管理员。通常系统安装后自动进行初始设置，系统管理员主要进行系统管理，通常不进行具体使用操作，他可以管理多套账。

（2）账套主管。通常由系统管理员设置，主要进行本套账系统管理，可以具体使用操作。

（3）其他操作人员。按照系统管理员或账套主管的授权，在其授权范围内进行操作。

用友软件系统管理员与账套主管区别是：系统管理员负责整个系统的安全和维护工作，只有以系统管理员身份注册进入，才可以进行账套的管理（包括账套的建立、引入和输出等），以及设置操作员及其权限；账套主管也是由系统管理员指定的，而账套主管只负责所管账套的维护工作，可对所管账套进行修改和所选年度内账套数据的管理（包括账套数据的引入、清空、输出和年末结转），以及对该账套操作员权限的设置。

2. 设置操作人员的操作

设置操作人员就是增加或减少操作人员，为每一个操作人员设置使用本软件的密码，并对操作人员进行分工，以满足会计信息化内部控制制度的要求。设置操作人员操作主要包括以下几个方面。

（1）设置操作人员及口令。设置操作人员就是增加、修改、删除操作人员。操作人员用的软件称为用户。增加操作人员需输入操作人员代码与姓名，操作人员代码也称操作人员编号，用来标识所设置的操作员，操作员编号、姓名必须输入且唯一。修改操作人员应当查询选定欲删除的操作员，通常不允许修改操作人员代码。删除操作人员当查询选定欲修改的操作员，所设置的操作员一旦被使用，便不能删除。

操作人员口令设置就是为每个操作人员设置密码。操作人员口令设置通常需要输入两次并保持一致。每个操作人员使用会计软件必须输入正确的口令方可进入，操作员口令可在系统登录时由本人自行修改。

（2）操作人员权限设置。操作人员权限设置是指对允许使用财务软件的操作员规定使用权限。在使用系统之前，应先对操作员进行岗位分工，对指定的操作员进行使用权限控制，防止一些无关人员擅自使用软件。如将张三设置为有权编辑记账凭证、汇总记账凭证、查询账簿、打印账簿；将李四设置为有权审核记账凭证、汇总记账凭证、记账、结账、操作人员管理等。

三、会计软件运行的基本过程

会计软件运行的基本过程是指按照会计软件操作基本过程进入会计应用软件，使用会计应用软件，是实现会计应用软件具体功能的基本步骤及方法。会计软件运行的基本过程适用于不同的会计软件及不同的子系统运行使用，甚至适用于不同的各种管理软件及其子系统运行使用。会计软件运行的基本过程包括以下几个步骤。

（一）会计应用软件的系统初始化

会计应用软件的系统初始化是为会计应用软件的日常运行在开始所做的一些必要的准备工作。也称系统转换或系统上线。

会计应用软件运行的系统初始化的特点是：是运行使用会计应用软件在最开始做的一些工作，是日常运行的前提条件；系统初始化工作往往是一次性的，工作量较大；投入日常运行后，也可能做一些适当的增加和修改。

1. 设置会计应用软件运行有关参数

设置会计应用软件运行有关参数主要是设置软件运行的一些条件和方法。

企业可以根据自身的实际情况进行选择设置有关参数，以确定符合企业个性特点的应用模式。通常会计应用软件越通用，意味着系统内置的可设置参数越多。

（1）会计应用软件有关参数分类及内容。会计应用软件有关参数包括系统参数和子系统参数。

①系统参数。系统参数是指应用于各个子系统的共性参数，如总账子系统、工资子系统、固定资产子系统等的共有参数。如设置记账本位币、设置编码方案、设置存货是否分类、设置数据精度定义等。

②子系统参数。子系统参数则是不同子系统的个性参数，不同子系统有不同的参数可设，使用不同的子系统应当掌握不同子系统设置参数的内容。例如，总账子系统的特有参数有凭证设置、账簿设置、凭证打印设置、预算控制设置、权限设置、会计日历设置、其他设置等。又如，工资子系统的特有参数有工资核算类别是一类还是多类设置，是否扣税

设置，是否扣零设置等。

（2）设置会计应用软件运行有关参数的基本功能。设置会计应用软件运行有关参数的基本功能包括：设置与修改、查询、打印。

（3）设置会计应用软件运行有关参数的操作。设置会计应用软件有关参数通常先设置系统参数，后设置子系统参数。

设置会计应用软件运行有关参数通常是会计应用软件的系统初始化首要任务；但是有些参数设置是与项目代码设置结合进行的，即在项目代码设置时同时设置有关参数，如总账子系统设置会计科目代码时同时设置会计科目是否有数量核算、辅助核算、账簿格式设置等；个别参数设置也可能在项目代码设置之后进行设置，如工资子系统设置工资计算公式需在工资核算项目之后进行。

设置会计应用软件运行有关参数的操作通常采用选择设置和输入设置方式。选择设置是在设置界面所提供的参数进行选择，如记账凭证编号是采用系统编号还是手工编号的选择，如企业所属行业是工业企业，还是商业企业、金融企业等。输入设置是在设置界面的有关文本框中直接输入参数，如金额的小数点位数等。

会计应用软件运行有关参数设置的不正确通常可以在系统初始化阶段甚至在系统初始化之后进行设置修改，但是设置的有关参数使用生效后一般不允许修改。

2. 设置会计应用软件必要的项目代码

代码是代表客观实体或者其属性的一种简略符号。代码通常是由数字、字母或其他符号组成。设置必要的项目代码就是为代码对象进行编码，确定其代码。代码对象可以是客观的实体，如部门、人员；也可以是某一实体的具体属性，如会计科目。设置代码可以使数据的描述标准化，便于计算机识别，节省存储空间，提高处理效率，可以加快输入速度，减少出错率，便于分类、统计、检索等。

（1）代码设置原则。在现行的会计系统中，一般都存在着一套代码，但是这种代码可能是不完整、不统一、不一定适合计算机处理的。为此，应当在对现系统代码的调查研究基础上，统一规划，对代码进行完善或重新设计。代码设置一般应遵循以下原则。

①系统性。即代码要统一规划，综合考虑各方面的使用要求，建立统一的、共同使用的代码。

②标准化。即代码向标准化方向靠拢，国家、部门、行业有标准的，一定不要另搞一套。如一级会计科目代码，财政部已有统一标准，企业在会计科目代码设计时，应当采用这一标准。

③唯一性。即每个具体的代码能唯一地表示一个实体或属性。

④合理性。即能够满足代码使用的客观需要，如能够满足分类、统计、检索等要求等。

⑤扩充性。即留有足够的备用代码位置，以适应编码对象内容不断扩大的需要。

⑥可识性。即代码既要有利于人工使用时的识别和记忆，又要便于计算机识别与处理。

⑦简短性。即在不影响代码的合理性、扩充性的前提下，代码越短越好。

（2）代码的种类。代码的基本类型有数字码、字母码、汉字简略码、混合码。

数字码就是用阿拉伯数字进行编码。数字码包括：顺序码、区间码、分组码、十进制码。

顺序码是对编码对象从头开始用自然数的顺序连续编码。如小型企业会计凭证的编号通常就是每月按发生的顺序编制的；班级内学生的学号也是顺序码。这种编码的特点是简单、位数少、追加方便，但不表示分类、无法插入新码、删除代码后造成空码。适用于固定的或顺序发生的事物。

区间码是将代码对象按一定标准分成若干区间进行编码。如财政部规定的一级科目代码就是区间码。又如企业内部单位也可以采用区间码：1～10为基本生产部门，11～20为辅助生产部门，21～60为管理部门，61～70为福利部门等。区间码的特点是简单、位数不多、便于插入和删除，可以表示一定的类别，但处理识别不便，空码率较高。

分组码是将代码组成中的若干位分为一组，用每组来表示代码对象某方面特定意义的代码。如会计科目代码可设十一位，前三位表示一级科目，4、5两位表示二级科目，6、7两位表示三级科目，8、9两位表示四级科目，10、11两位表示五级科目。这种代码的特点是比较复杂、位数多、便于插入和删除，便于分类，但空码较多、不便处理。

十进制码是分组码的特例，码中每一位为一组，且是一个十进制的数，每位都是表示代码对象特定意义的代码。这种代码特点同分组码，但每一位只能表示编码对象某一方面类型≤10的情况。

字母码是以字母作为编码对象的代码，字母码可用英文单词缩写或字头表示，也可用汉语拼音或拼音缩写表示等。如"TV"表示电视机，"kg"表示千克，"M"表示男性，"HLJ"表示黑龙江等。这种代码的特点是简单，便于分类、索引，便于记忆与识别，但位数少时易出现重码，位数多时不易起到简化作用。

汉字简略码是以简略汉字作为编码对象的代码。如"沪"表示上海，"收"表示收款凭证等。这种代码的特点是简单，便于分类、索引，便于记忆与识别，但易出现混码，有时不易起到简化作用。

目前很多会计软件对于编码对象项目很少的情况下对项目不进行编码，直接设置项目名称，项目使用是直接选择项目名称，如工资系统里的人员类别。

（3）代码校验位的设置。代码是系统的重要数据，通常作为关键字使用，它的正确与否直接关系到系统的工作质量。为了保证代码的正确性，可以在原有代码基础上加上校验位。校验位是对原有代码进行某种关系运算而得到的，以后在代码使用过程中用这种运算关系可以验证代码的正确性。通常校验位一般是用数学方法计算的，如校验位设计方法可以是先加权求和，然后除模取余或取模与余之差作为校验位。

例如有一种材料原有代码为"101025"，为了保证正确性设计一校验位，其获得方法如下，首先以自然数为权数加权求和：

$1×1+0×2+1×3+0×4+2×5+5×6=44$

然后除模数 10 得到余数为 4（即 44÷10＝4…4），则直接可以用余数 4 为校验位［或用模与余数的差 6（10-4＝6）为校验位］，这时就得到带校验位的代码为 1010254。如果在输入该代码时，若输错其中一位代码，那么利用这个校验位就可以发现代码错误，显然这就提高了代码的正确性。

（4）编码方案设置。编码方案设置属于参数设置。编码方案设置就是设置编码级别及含义，编码分几级，以及每级的长度。如会计科目编码方案可以设置为 "42222"，其编码方案含义是会计科目编码设置为分 5 级，一级 4 位，二级 2 位，三级 2 位，四级 2 位，五级 2 位。例如 "应交税费" 科目部门设置如表 2-1 所示。

表 2-1　科目编码表

科目代码（编号、编码）	科目名称
2221	应交税费
222101	应交增值税
22210101	进项税额
22210102	已交税金
22210103	销项税额
22210104	出口退税
22210105	进项税额转出
222102	应交城建税

（5）会计应用软件项目代码分类及内容。会计应用软件项目代码包括系统项目代码、子系统项目代码。

①系统项目代码。系统项目代码是指应用于各个子系统的共性项目代码，如总账子系统、工资子系统、固定资产子系统等的共有项目代码。

又如，设置部门代码、人员代码、产品代码等。

②子系统项目代码。子系统项目代码则是不同子系统个性项目代码，不同子系统有不同的项目代码可以设置，使用不同的子系统应当掌握不同子系统项目代码设置的内容。

例如，总账子系统的特有项目代码有会计科目代码、凭证类别代码等。

又如，工资子系统的特有项目代码有工资项目，人员类别代码等。

设置项目代码内容一般包括：项目代码、项目名称、与项目有关的内容及参数。

（6）设置项目代码的基本功能。设置项目代码的操作通常包括：增加项目代码、删除项目代码、修改项目代码、查询项目代码、打印项目代码。

（7）设置项目代码的操作。设置会计应用软件项目代码通常先设置系统项目代码，后设置子系统项目代码。

增加项目代码操作的基本要求：增加项目代码不能重码，即编码要唯一；增加项目代码不能为空；增加项目代码要符合编码方案；增加项目代码要体现父子关系，即没有上级不能输入下级；增加项目名称不能为空；根据单位实际管理要求输入项目的有关内容及参数。

修改项目代码操作的基本要求：修改项目代码应当先查询所要修改的项目代码；项目代码不能修改；项目名称及其有关内容及参数一般可以修改。

删除项目代码操作的基本要求：删除项目代码应当先查询所要修改的项目代码；删除项目代码应当从底级往上删除，即先删除下级，再删除上级；已经使用的项目代码不能删除。

查询项目代码操作的基本要求：查询项目代码可以采用鼠标或键盘进行全屏幕翻阅查询，如文件头、文件尾、上一行、下一行、上一页、下一页等；查询项目代码可以采用输入查询条件进行搜索定位或过滤查询。

打印项目代码操作的基本要求：打印项目代码应当先查询所要打印的项目代码；打印项目代码可以先进行打印预览；打印项目代码按要求选择输入有关打印参数即可实施打印。

3. 录入会计应用软件的初始数额

（1）录入初始数额内容。

①录入初始数额的基本内容。录入初始数额的基本内容主要包括会计软件启用期期初及期初之前的金额及数量、有时还包括其他有关内容及参数。

②不同的子系统有不同的录入初始数额内容。如总账子系统录入初始数额包括：会计科目启用期初金额、数量、外币，年初至启用期初累计借方贷方发生额、数量、外币，及其辅助核算项目金额。

如工资子系统录入初始数额包括：职工代码（编号），职工姓名、参加工作时间、基础工资、各种津贴等工资核算的固定数据。

如固定资产录入初始数额，主要是录入期初固定资产卡片数据，包括：固定资产代码（编号）、固定资产名称、固定资产类别、固定资产原值、固定资产折旧等内容。

（2）录入初始数额的基本功能。录入初始数额的基本功能包括数据的输入与修改、查询、打印及校验。

（3）录入初始数额的操作。录入初始数额通常是在设置会计应用软件运行有关参数与设置必要的项目代码之后进行的，如总账子系统录入会计科目初始数额。

录入初始数额有时是与设置会计应用软件运行有关参数、设置必要的项目代码同时进行的，如工资子系统录入工资卡片初始数额，固定资产录入固定资产卡片初始数额。

录入初始数额的操作通常包括：初始数额的输入与修改、查询、打印，有时还包括数据校验，如录入会计科目的系统余额及试算平衡。

初始数额输入/修改的操作通常采用表格式输入/修改和卡片式输入/修改方式。表格式输入/修改方式是将多条记录的有关数据项目显示在一张表格的表单中进行录入，如总账子系统会计科目（账户）期初数额的录入。卡片式输入/修改方式是将一条记录的有关数据项目显示在有关文本框的表单中进行录入，如固定资产子系统初始固定资产卡片的录入。

（二）会计应用软件的日常运行

应用软件日常运行是对有关的会计数据进行例行的处理。日常运行是周而复始的工作，是每个会计周期重复进行的，即在不同的会计期间内执行重复的相同数据处理工作。如账务处理子系统中每个月都需进行凭证的编辑、汇总、审核、记账、查询账簿、打印账簿等等。应用软件日常运行的基本功能如下所述。

1. 手工数据收集与审核

手工数据收集主要是有关人员填制或取得有关数据资料。不同的子系统有不同的手工数据收集的内容，如账务处理子系统收集各种原始凭证或手工填制记账凭证；工资核算子系统中手工编制、取得职工考勤记录、职工增减变动数据、各种扣款单据等资料。

手工数据审核主要是对手工收集的数据资料正确性进行审查核对，以保证数据资料的真实性、合法性、准确性、完整性，实现会计信息化系统内部控制的要求。如账务处理子系统中手工记账凭证的审核。通常未经审核的手工数据资料不允许输入计算机进行加工处理。

2. 计算机数据处理

应用软件日常运行的计算机数据处理操作主要有以下基本功能。

（1）数据录入。会计软件日常运行的数据录入主要是将经审核后的手工数据输入计算机。

不同的子系统有不同数据录入内容，如账务处理子系统录入记账凭证，工资子系统中录入职工考勤记录、职工增减变动数据、各种扣款单据等数据。

会计软件日常运行的数据录入通常包括数据的增加、修改和删除。

会计软件日常运行的数据录入的数据增加操作通常采用表格式数据增加和卡片式数据增加方式。如账务处理子系统录入增加记账凭证数据采用表格式数据增加，如固定资产子系统录入增加固定资产数据采用卡片式数据增加。数据录入的增加数据时通常系统自动进行正确性校验，增加不正确不允许进行保存，数据录入增加完成后通常需选择保存或增加按钮。

会计软件日常运行的数据增加操作，通常采用表格式数据增加和卡片式数据增加方式，数据录入的修改数据时通常系统自动进行与数据增加相同正确性校验，修改不正确不允许进行保存，数据录入修改完成后通常需选择保存或确定按钮。

会计软件日常运行的数据录入的数据删除操作，应当先查询所要删除的数据内容，删除是通常需选择"确定"删除按钮或确定删除"是""否"按钮，防止数据误删。

（2）数据校验。会计软件日常运行的数据校验主要是对录入和加工的数据进行正确性核对。通常数据录入的增加数据时通常系统自动进行正确性校验，增加不正确不允许进行保存。系统除了在数据录入的增加数据时进行正确性校验外，不同的子系统有时还提供单独的数据校验操作，如账务处理子系统中会计凭证审核，会计报表子系统中会计报表数据复核等。

（3）数据加工。会计软件日常运行中数据加工主要是对已存储于计算机中的数据进行进一步计算、分类、汇总等数据处理，不同的子系统有不同的数据加工内容，如账务处理子系统的记账凭证汇总、记账功能；工资系统的工资计算、汇总、分配、计算个人所得税、自动生成转账凭证功能；固定资产子系统的固定资产的汇总、计提折旧、自动转账凭证功能。

（4）数据输出。会计软件日常运行的数据输出主要包括数据的查询和打印。数据查询是在计算机屏幕上显示有关会计数据，如账务处理子系统中记账凭证、科目汇总表、账簿的查询。数据打印主要将有关会计数据在打印机上打印输出，形成纸性介质的书面文件，如工资核算子系统中工资结算单、工资汇总表的打印等。

会计软件日常运行的数据查询项目代码可以采用鼠标或键盘进行全屏幕翻阅查询，如文件头、文件尾、上一行、下一行、上一页、下一页等；可以采用输入查询条件进行搜索定位或过滤查询。

会计软件日常运行的数据打印，应当先查询所要打印的数据；数据打印项目可以先进行打印预览；数据打印按要求选择输入有关打印参数即可实施打印。

不同子系统计算机数据处理对象有不同分类，如总账子系统处理对象有：记账凭证处理、账簿处理、银行对账处理等；工资子系统对象有：人员变动处理、工资结算单处理、工资汇总表处理、分款单处理、计算个人所得税处理、自动转账凭证处理；固定资产子系统对象有：资产增减变动处理、折旧处理、自动转账凭证处理等。

应用软件的日常运行的计算机数据处理操作的以上基本功能往往是按照处理对象分类提供的。如总账子系统处理的记账凭证处理具体包括：记账凭证填制（记账凭证增加、修改、删除、查询、打印、保存、预览、作废、恢复、冲销），记账凭证审核（记账凭证校验、查询、打印），记账凭证汇总（记账凭证加工、查询、打印）；如工资子系统工资结算单处理具体包括：个人工资计算数据的输入/修改（录入）、计算、查询、打印等；固定资产子系统的折旧处理具体包括：折旧计算、查询、打印等。

（三）会计应用软件的特定处理

会计应用软件的特定处理是在某一特定时点或根据某些特定要求提供操作处理功能。在某一特定时点提供操作处理功能，主要是每个会计周期期末的处理，如月末结账；根据某些特定要求提供操作处理功能，主要包括数据备份、数据恢复等。应用软件的特定处理主要是对会计应用软件的运行起到承上启下或安全保护等作用。应用软件的特定处理通常包括以下几方面。

1. 分期结转

会计应用软件的分期结转，主要是在各个会计期间结束时为下一会计期间会计应用软件的日常运行做一些数据准备工作，如总账子系统的结账操作，工资子系统的期末结转处理操作。

会计应用软件的分期结转起到一个承上启下的作用，本期业务结束即为下一个会计期间业务的开始。如通过总账子系统的结账操作，则结束本月日常运行操作，不允许输入本月记账凭证，并且可以输入下月记账凭证。

2. 数据备份

会计应用软件的数据备份就是将数据进行复制，如用友软件的账套输出就是账套数据备份。备份的目的之一是将另存数据作为会计档案管理；其二是为防止系统内数据遭到偶然破坏而造成数据丢失混乱，作为数据恢复的来源，保证数据的安全。

通常备份有完成某项操作的备份和定期备份，而且有时备份是强制性的，如总账子系统中执行年度结账时要求必须进行强制性备份。

数据备份应当建立数据备份的文件夹，数据备份时通常系统对备份数据进行打包压缩，并要求选择备份的文件夹，数据备份一般需要相应的时间，数据备份完成后系统给出数据备份完成的提示。

3. 数据恢复

会计应用软件的数据恢复就是将备份数据复制回来，如用友软件的账套引入就是账套数据恢复。恢复目的之一是为了进行历史数据查询；其二是当系统数据遭到破坏时，使其恢复到正常运行的状态。

数据恢复时通常要求选择备份的文件夹，并对备份数据进行解压安装，数据备份恢复一般需要相应的时间，数据恢复完成后系统给出数据恢复完成的提示。

4. 其他特定处理

不同的软件或不同的子系统有不同的其他特定处理。如有的软件提供数据整理操作、运行日志管理操作、数据引入操作、数据输出操作、数据升级操作等。

第三章　账务处理软件运行的基本过程

账务处理软件又称账务处理子系统或总账系统。账务处理软件的基本功能包括记账凭证处理、账簿处理；有些软件将银行对账、往来核算与部门核算等辅助核算也列入账务处理软件系统。账务处理软件一般不包括会计报表处理功能。

账务处理软件运行的基本过程包括：账务处理软件的系统初始化、账务处理软件的日常运行、账务处理软件的特定处理。

第一节　账务处理软件的系统初始化

一、设置账务处理软件运行有关参数

（一）参数设置的基本内容

1. 设置系统参数

设置系统参数主要包括：记账本位币具体参数、是否预置科目具体参数、有无外币核算具体参数、编码方案具体参数、数据精度具体参数等。

2. 设置总账子系统参数

设置总账子系统参数主要包括：凭证控制具体参数、账簿控制具体参数等。

（二）设置参数的基本功能

设置参数的基本功能包括：设置与修改。

（三）用友软件账务处理软件设置参数的具体内容与操作

1. 用友软件系统参数设置的具体内容与操作

设置单位信息参数：包括单位名称、单位简称、单位地址、联系电话等，如果有发票业务管理，应将其他相关信息输入完整。

设置核算信息参数：包括本币代码、本币名称、企业类型、行业性质、账套主管、按行业性质预置科目。账套主管的姓名，必须从下拉列表框中选择设置。

设置输入基础信息选项参数：包括存货、客户、供应商是否进行分类核算，有无外币核算。

设置分类编码方案参数：包括科目编码级次、存货分类编码级次、客户分类编码级次、供应商分类编码级次、收发类别编码级次、部门编码级次、结算方式编码级次、地区分类编码级次、成本对象编码级次。

设置数据精度参数：包括存货数量小数位、存货单价小数位、开票单价小数位、件数小数位数、换算率小数位数。

设置用友软件的系统参数的基本操作，通常采用选择设置和输入设置方式。

用友软件的以上系统参数是系统管理员在建立账套时设置的，有些参数设置错误是不能修改的；有些参数设置错误，可以以账套主管身份注册，利用账套修改功能进行修改，也可以在系统应用平台基础设置中进行修改；有个别参数设置财务还可以在系统应用平台设置选项中进行修改。

2. 用友软件总账子系统（账务处理软件）设置参数的具体内容与操作

设置制单控制参数：包括制单序时控制、资金及往来赤字控制、可以使用其他系统受控科目。若某科目为其他系统的受控科目，允许修改他人填制的凭证、支票控制、制单权限控制到科目。

设置外币核算参数：包括外币核算汇率方式——固定汇率、浮动汇率。

设置凭证控制参数：包括打印凭证页脚姓名、凭证审核控制到操作员、出纳凭证必须经由出纳签字、凭证编号方式是系统编号还是手工编号。

设置往来控制方式参数：包括往来款项由应收系统核算、往来款项由总账系统核算。

设置账簿参数：包括打印位数宽度、明细账（日记账、多栏账）打印输出方式、正式账每页打印行数、凭证、账簿套打、明细账查询权限控制到科目。

设置会计日历参数：包括各会计期间的起始日期与结束日期，以及启用会计年度和启用日期。

设置其他参数：包括数量小数位、单价小数位、本位币精度、部门排序方式、个人排序方式、项目排序方式（在查询项目账或参照项目目录时，是按项目编码排序还是按项目名称排序）。

设置用友软件的总账子系统有关参数的基本操作，通常采用选择设置和输入设置方式。

设置用友软件的总账子系统参数在系统应用平台的【财务会计】—【总账】—【设置】—【选项】中设置。但有些参数只能在此显示，不能在此处设置，如账套名称、单位名称、行业性质、会计主管、会计日历等参数，可以到系统管理中去设置修改。

二、设置账务处理软件必要的项目代码

（一）代码设置的基本内容

1. 系统代码

系统代码主要包括如地区分类、部门档案、职员档案、客户分类、客户档案、供应商分类、供应商档案、付款条件、开户银行、结算方式。

2. 总账子系统代码及参数

总账子系统代码除了包括部门档案、职员档案、供应商档案、客户档案、结算方式、开户银行等系统代码外，主要包括如会计科目、外币种类、记账凭证种类、自定义项目代码。

（1）设置会计科目代码。会计科目代码及参数设置操作的基本内容是设置会计科目代码、名称以及是否有外币、数量核算等有关参数。

会计科目代码设置的基本要求是满足国家的有关规定。目前国家统一会计制度的规定是：只规定了三级科目代码的长度，一级为4位，二级为2位，三级为2位。

各单位可以在国家统一会计制度规定的基础上根据需要进行具体设置。通常可将会计科目代码定为6级，级长分别为4、2、2、2、2、2。

例如国家统一会计制度规定"应交税金"科目设置如表3-1所示。

表3-1 "应交税金"科目

科目级次	科目编号	科目名称
1	2221	应交税费
2	222101	应交增值税
3	22210101	进项税额
3	22210102	已交税金
3	22210103	转出未交增值税
3	22210104	减免税款
3	22210105	销项税额
3	22210106	出口退税
3	22210107	进项税额转出
3	22210108	出口抵税内销产品应纳税额
3	22210109	转出多交增值税
3	222102	未交增值税
2	222103	应交营业税

操作内容：必须设置科目编码、科目名称，还应设置科目其他参数。

（2）外币设置。操作内容：设置外币币符、币名以及汇率小数位、折算方式、外币最大误差等，还要选择固定汇率或浮动汇率并输入相应的汇率。目的是为了进行外币核算。

（3）设置凭证类别。操作内容：输入记账凭证类别，输入每类凭证的限制条件。目的是便于进行记账凭证输入及进行记账凭证输入控制。

（4）设置其他项目代码。设置其他项目代码，主要是增加辅助核算的内容与灵活性，如设置在建工程项目代码、成本核算项目代码、现金流量表项目代码等。

（二）设置代码的基本功能

会计科目代码及参数设置操作的基本功能包括：增加、修改、删除、查询、打印。

（三）用友软件代码及参数设置的具体内容与操作

1. 设置系统代码（内容基本同上）

如结算方式代码及参数设置操作。结算方式代码及参数设置操作的基本内容是设置结算方式代码、结算方式名称，以及是否要进行票据管理参数。设置结算方式代码及参数目的是便于进行银行对账和票据管理。

结算方式代码及参数设置操作的基本功能包括：增加、修改、删除。

增加结算方式代码及参数设置操作，首先设置结算方式编码和名称，如："101"为"现金结算"。其次设置该结算方式下的票据是否要进行票据管理。修改和删除结算方式代码及参数设置，但结算方式一旦被引用，便不能进行修改和删除操作。

2. 设置总账子系统代码

（1）设置会计科目代码及参数操作。

①增加会计科目代码及参数操作。

第一，增加科目编码和科目名称，基本操作要求同前共性要求。

第二，设置会计科目有关参数。

必须设置的会计科目基本属性参数有：科目类型、账页格式、余额方向。

可以选择设置会计科目其他属性的参数有：英文名称和助记码可以选择输入。助记码是一个字母码，通常用汉语拼音字头，也是为了方便输入和查询。

如果有外币要选择外币核算同时要选择币种，没有币种的话应该增加外币币种代码。

如果有数量核算要选择数量核算并且要输入计量单位。

如果有辅助核算要进行辅助核算设置。辅助核算就是在总账、明细账、日记账之外另行平行或更具体登记的辅助账户，用友总账子系统提供部门、职员、供应商、客户、自定义项目辅助核算功能。辅助核算项目可以选其中之一或多个。如利用辅助核算功能可以核算出现金流量表的各项目内容，这时应将库存现金、银行存款、其他货币资金及下属科目选择设置项目核算并且要设置现金流量表项目档案。

日记账设置。库存现金、银行存款、其他货币资金及下属科目要选择为日记账以方便查询打印。

银行存款账设置。银行存款或下属科目应该选择银行账，目的是能够进行银行对账。

②修改、删除、查询、打印会计科目代码及参数操作。基本操作要求同前共性要求。

第一，会计科目修改时应当注意：代码不能修改，其他项目同增加的要求。

第二，会计科目删除时应当注意：应当原路返回，有金额的不能删除。

（2）外币种类代码及参数设置操作。外币种类代码及参数设置操作的基本内容是设置币符、币名以及汇率等有关参数。

外币种类代码及参数设置操作的基本功能包括：增加、修改、删除。

增加外币种类代码及参数操作：首先，要输入币符（外币代码，字母码）、币名（外币名称），基本操作要求同前共性要求。其次，设置外币种类有关参数：如汇率、小数位、折算方式、外币最大误差，固定汇率还是浮动汇率。

（3）记账凭证类别代码及参数设置操作。记账凭证类别代码及参数设置操作的基本内容是设置记账凭证类别、记账凭证类别代码、记账凭证类别名称，以及每类凭证的限制条件参数。

记账凭证类别代码及参数设置操作的基本功能包括：增加、修改、删除。

增加记账凭证类别代码及参数操作：首先设置记账凭证类别，可以设置为记账凭证不分类，即只有一种记账凭证；也可以设置为多类记账凭证，通常如设置为三类记账凭证，即，"收款凭证""付款凭证""转账凭证"。其次设置凭证类别代码（汉字简略码）、记账凭证类别名称，如"收"字为"收款凭证"，"付"字为"付款凭证"，"转"字为"转账凭证"，基本操作要求同前共性要求。最后设置每类凭证的借方必有、贷方必有、凭证必有、凭证必无、无限制的限制条件参数，如"收款凭证"借方必有"1001、1102、1009"，以便于在记账凭证输入时进行正确性控制。

（4）自定义项目代码及参数设置操作。用友软件除了提供部门、职员、供应商、客户等代码及参数设置外，还提供了自定义项目代码及参数设置，目的是满足不同单位特殊辅助核算的要求，如设置现金流量表项目代码、在建工程项目代码、成本核算项目代码等。

自定义项目代码及参数设置操作的基本内容是设置自定义项目类别、自定义项目代码、自定义项目名称，以及有关参数。

自定义项目代码及参数设置操作的基本功能包括：增加、修改、删除。

增加自定义项目代码及参数设置操作。首先增加项目大类，要输入大类名称，设置编码方案，输入项目名称；其次选择核算会计科目，即选择在科目设置时设置为项目核算会计科目；最后设置自定义项目类别及具体项目代码、名称，即进行项目分类定义和项目目录设置。

自定义项目代码及参数设置基本操作要求同前共性要求。

三、账务处理软件录入初始数额

（一）账务处理软件初始数额录入的基本内容

账务处理软件初始数额录入的基本内容包括：账套启用日期的期初金额，年初到账套启用日期的期初累计借方发生额、贷方发生额；有时还需输入有关初始数量、外币；有时还需输入辅助核算的初始数额，如年初到期初逐笔账套启用日期的期初金额、借方发生额、贷方发生额。

（二）账务处理软件初始数额录入的基本功能

账务处理软件初始数额录入的基本功能包括：初始数额的输入与修改、查询、打印及试算平衡及对账。

注意：不能对会计科目进行增/删/改操作，一般只输入会计科目的最底级数额，当数额录入完毕后，要进行试算平衡及对账（审核校验）。

（三）用友软件总账子系统录入初始数额的操作

具体操作内容与要求主要包括：

（1）输入/修改期初余额，如果年初建账只需录入期初余额。

（2）输入/修改年初到账套启用日期的期初累计借方发生额、贷方发生额，如年中七月份建账则需要录入年初至七月期初的累计借方、贷方发生额。年初数无需录入，由系统自动计算。

（3）输入/修改累计借方发生额、贷方发生额、期初余额，只需输入最底级会计科目的数额，上级会计科目的数额由系统自动计算。

（4）输入/修改数量或外币数额，如果在会计科目设置中设置了该会计科目有数量或外币核算，还需要录入数量或外币。

（5）输入/修改辅助核算科目数额，如果在会计科目设置中设置了该会计科目有辅助核算，还需要录入辅助核算数额。输入/修改辅助核算科目数额，需双击后另开表单，点增加按钮输入辅助核算有关数据，退出后自动算出科目金额。

（6）录入初始数额试算平衡，初始数额录入完成后应当进行试算平衡，即检查录入初始数额正确性，如果不正确，要进行错误检查与修改。

（7）用友软件总账子系统录入初始数额输入/修改的操作通常采用表格式输入/修改方式。总账子系统录入初始数额，不能对会计科目进行增加、修改、删除操作。

（8）录入完成后要点试算及对账功能，如果不平衡或出现错误，要检查错误并修改。

（9）试算平衡不正确时检查错误的方法要点是：主要检查期初这一列数据；要先检查

每一个科目的上级科目，上级科目有错误再检查下级科目，不用逐一查看每一个科目；金额正确还是不平衡通常是科目方向有问题，可以先将金额清零，然后再修改会计科目的余额方向。

（10）用友软件总账子系统不对年初金额、累计借方与累计贷方金额进行校验。以后发现错误会很难修改。

第二节　账务处理软件的日常运行

一、账务处理软件日常运行的基本内容

账务处理软件日常运行的基本内容是按数据处理对象分类的，其主要包括：记账凭证处理、账簿处理、出纳及银行对账处理。

二、记账凭证处理

（一）账务处理软件记账凭证处理的具体功能

1. 原始凭证的收集与审核或记账凭证的填制与审核

账务处理软件手工数据收集与审核有两种情况：收集与审核各种原始凭证，然后根据原始凭证在计算机处理时录入记账凭证过程中填制记账凭证，并打印输出记账凭证；根据收集与审核各种原始凭证手工填制记账凭证，根据手工填制记账凭证在计算机处理时录入记账凭证。

2. 记账凭证计算机处理基本功能

（1）填制记账凭证。其包括录入记账凭证、输出记账凭证。录入记账凭证包括增加记账凭证、修改记账凭证、删除记账凭证；输出记账凭证包括查询记账凭证、打印记账凭证。

（2）审核记账凭证。记账凭证审核属于数据校验，记账凭证审核是对填制的记账凭证进行检查核对，主要审核记账凭证是否与原始凭证相符，会计分录是否正确等。

（3）汇总记账凭证。记账凭证汇总属于数据加工，记账凭证汇总是根据输入的汇总条件，有条件地对记账凭证进行汇总并生成一张科目汇总表。

（4）自动转账处理。自动转账是一个相对独立的子系统，作为相对独立的子系统运行的基本过程同其他系统一样，包括初始化、日常运行、特定处理（自动转账无此项处理）。

用友软件总账子系统将"初始化"称为"定义转账凭证",将"日常运行"称为"自动转账";自动转账包括生成转账凭证、修改转账凭证、保存转账凭证、查询转账凭证、打印转账凭证、删除转账凭证。

(二) 用友软件总账子系统记账凭证处理的操作

1. 填制记账凭证处理具体功能

用友软件总账子系统填制记账凭证处理具体功能包括:增加、修改、保存、放弃、冲消、作废、恢复、整理、查询、预览、打印记账凭证等。

2. 增加记账凭证的具体操作

(1) 单击【凭证】—【填制凭证】,显示单张凭证。

(2) 单击【增加】按钮或按【F5】键,增加一张新凭证。

(3) 光标定位在凭证类别上,输入或参照选择一个凭证类别字。选择凭证类别将限制了科目的选择。

(4) 生成凭证编号:如果在【选项】中选择【系统编号】则由系统按时间顺序自动编号。否则,手工编号。

(5) 输入修改日期:系统自动取当前业务日期为记账凭证填制的日期,可修改。注意应序时输入。

(6) 在【附单据数】处输入原始单据张数。

(7) 输入凭证分录的摘要,可以直接录入,也可以设摘要码选择(按【F2】或参照按钮输入常用摘要),通常直接录入。

(8) 输入会计科目,可以输入科目代码(包括助记码),回车后显示科目名称,也可以参照录入(导航选择录入)。注意只能输入末级科目。

若科目为银行科目,要求要输入【结算方式】【票号】及【发生日期】。

若科目有数量或外币核算,要求要输入【数量】【单价】或【外币金额】。

如果科目设置了辅助核算属性,则在这里还要输入辅助核算信息,如部门、个人、客户、供应商、项目等。录入的辅助信息将在凭证下方的备注中显示。

如果会计科目为现金流量科目,应当选择对应的现金流量项目。

若辅助核算信息输入错误,需要双击辅助核算信息处进行修改。

(9) 录入该笔分录的借方或贷方本币发生额,金额不能为零,但可以是红字,红字金额以负数形式输入。如果方向不符,可按空格键调整金额方向。

若想放弃当前未完成的分录的输入,可按【删除】按钮或【Ctrl+D】键删除当前分录即可。

(10) 重复⑦⑧⑨步骤。

(11) 当凭证全部录入完毕后,按【保存】按钮或【F6】键保存这张凭证。凭证保存时将进行正确性校验,不正确不能进行保存,应当进行修改。

注意：增加记账凭证时如何选择现金流量表的项目。

第一，要分析是什么活动类别，如是经营活动、投资活动还是筹资活动。

第二，是流入还是流出。

第三，按照活动类别的流入、流出活动的具体项目对号入座。

3. 记账凭证审核操作

（1）选择【凭证】—【审核凭证】。

（2）设置审核凭证查询条件，如凭证类别、月份、凭证号等。

（3）显示拟审核凭证，如果此凭证不是要审核的凭证，可用鼠标单击【首页】【上页】【下页】【末页】按钮翻页查找或按【查询】按钮查找输入条件查找。

选择【查看】菜单下的【查最新余额】，可查看选中科目的最新余额一览表。

通过菜单【查看】下的【科目转换】可切换显示科目编码和科目名称，用↑或↓键在分录中移动时，凭证辅助信息位置将显示当前分录的辅助信息。

若审核人员发现该凭证有错误，可按【标错】按钮，对凭证进行标错，同时可写入出错原因并交与填制人员修改后，再审核。

（4）确认该张凭证正确后，单击【审核】按钮将在审核处自动签上审核人姓名，并在凭证上显示审核日期，即该张凭证审核完毕，系统自动显示下一张待审核凭证。

注意：审核人和制单人不能是同一个人。审核后记账凭证还可以单击【取消】取消审核。取消审核签字只能由审核人自己进行。已标错的凭证不能被审核，若想审核，需先取消标错后才能审核。已审核的凭证不能标错。若想对已审核的凭证标错，要先取消审核，再进行凭证标错。作废凭证不能被审核，也不能被标错。凭证一经审核，就不能被修改、删除，只有被取消审核签字后才可以进行修改或删除。采用手工制单的用户，在凭单上审核完后还须对录入机器中的凭证进行审核。企业可以依据实际需要加入【领导签字】或【出纳签字】的控制，可在【选项】中选择设置。未经审核的记账凭证将不能登记账簿。

4. 记账凭证汇总操作

（1）选择【凭证】—【科目汇总】。

（2）输入汇总条件，如月份、凭证类别、科目级次、凭证号、日期等。

（3）单击【汇总】按钮，屏幕显示科目汇总表。

当光标在科目汇总表的某一科目行上时，按【详细】按钮，则显示对方明细科目汇总表。

注意：本模块提供汇总、查询、打印汇总凭证功能。记账凭证汇总可以随时和按任意条件进行。

记账凭证汇总与否不影响总账的登记。

5. 自动转账处理操作

（1）定义转账凭证操作。

①选择【转账定义】—【自定义转账或其他类型自动转账】。

②单击【增加】按钮，定义录入转账凭证基本信息，序号、摘要、记账凭证类型。

③定义转账凭证每一笔分录信息：单击【增行】按钮，录入如会计科目、辅助核算信息、借方或贷方本币发生额公式。

④单击【保存】按钮，完成转账凭证定义。

（2）生成转账凭证操作。

①选择【转账生成】：选择要进行的转账工作（如：自定义转账、对应结转等）。

②选择要进行结转的月份和要结转的凭证。

③按【确定】按钮，屏幕显示将要生成的转账凭证。若凭证类别、制单日期和附单据数与实际情况略有出入，可直接在当前凭证上进行修改即可。

④单击【保存】按钮，生成转账凭证，将当前凭证追加到未记账凭证中。

由于转账是按照已记账凭证的数据进行计算的，所以在进行月末转账工作之前，请先将所有未记账凭证记账，否则，生成的转账凭证数据可能有误。

6. 如何修改未记账的记账凭证的具体操作

（1）修改正在增加尚未保存的凭证。光标落在错误处进行修改。

（2）修改已经保存尚未审核的凭证。查询错误凭证，找到错误凭证，光标落在错误处进行修改。

（3）修改正在审核的凭证。在审核凭证时将错误的凭证标错，在"填制凭证"功能界面查询错误凭证，在错误处进行修改。

（4）修改已经审核尚未记账的凭证。在【审核凭证】功能界面查询错误凭证，找到错误凭证将错误凭证取消审核并标错，在【填制凭证】功能界面查询错误凭证，在错误处进行修改后保存，然后重新审核。

三、账簿处理

（一）账务处理软件账簿处理的具体功能

1. 账簿登记

账簿登记属于数据加工，就是根据审核后记账凭证名称生成总账、明细账、日记账以及部门账、个人往来等辅助账的凭证号、日期、摘要、借方金额、贷方金额、余额，以及外币、数量、日记、月计、累计等数据。

2. 账簿查询

账簿查询属于数据输出，主要包括总账、明细账、日记账以及部门账、个人往来等辅助账等各种账簿查询。

3. 账簿打印

账簿打印属于数据输出，主要包括总账、明细账、日记账以及部门账、个人往来等辅助账等各种账簿打印。

4. 如何修改已经记账或结账的记账凭证

（1）红字冲销法或补充登记法。如果错误凭证的会计科目没有错误、会计科目方向没有错误，只是金额少计，按少计的金额增加一张记账凭证补充登记即可。

各种错误都可以用红字冲销法：调用冲销凭证功能，输入错误凭证的凭证类别、凭证编号，生成一张红字凭证，然后再增加一张正确的记账凭证，将这两张记账凭证审核后记账即可以更正已经记账或结账的凭证错误。

（2）账套备份（输出）与恢复（引入）法。在记账前将账套备份并记住备份的文件名称与保存的路径，记账或结账后发现错误，用记账前备份账套进行恢复，然后在审核功能界面查询错误凭证，对错误的凭证取消审核并标错，在凭证填制功能界面查询错误凭证，在错误处进行修改后保存，然后重新审核与记账。

（3）反记账或反结账法。通常用会计软件提供反记账或反结账功能。

（二）用友软件总账子系统账簿处理的操作

1. 账簿登记的具体操作

（1）单击【总账】—【凭证】—【记账】，进入记账向导一（选择本次记账范围）。

（2）系统显示未记账凭证范围清单，输入要进行记账的凭证范围。

（3）可以选择【记账报告】，对凭证进行合法性检查，如果发现不合法凭证，系统将提示错误，如果未发现不合法凭证，则显示所选凭证的汇总表及凭证的总数以进行核对。

（4）可以选择【记账】按钮，系统开始登录有关的总账和明细账，包括正式总账、明细账；数量总账与明细账；外币总账与明细账；项目总账与明细账，部门总账与明细账；个人往来总账与明细账，银行往来账等有关账簿。

注意：

在第一次记账时，若期初余额试算不平衡，系统将不允许记账。

未经审核的记账凭证不能登记账簿。若所选范围内有未审核凭证时，系统提示是否只记已审核凭证或重选记账范围。

执行账簿登记功能同时登记总账、日记账、明细账、辅助账等账簿，是否进行科目汇总不影响账簿（总账）的登记。

已经记账的记账凭证，不允许对其进行修改、删除。已经记账的记账凭证如果发现错误，应当用补充登记法和红字冲销法进行更正。用友软件总账子系统提供反记账、反结账功能，可以利用反记账、反结账功能修改已经记账的记账凭证。也可以利用用友软件总账子系统提供执行恢复【引入】功能对已经记账的记账凭证进行修改。

2. 取消记账的具体操作

用友软件总账子系统提供了取消记账的功能。在【对账】功能中，有一个隐含功能为激活【恢复记账前状态】即【取消记账】开关，当记完账后，发现记账有误可通过该功能，恢复到记账前的状态。具体操作如下所述。

（1）在【期末】菜单中，单击【对账】打开对账窗口，按【Ctrl+H】键激活【恢复记账前状态】功能。

（2）在【凭证】菜单中，单击【恢复记账前状态】，屏幕显示【恢复记账前状态】窗口，提示用户选择恢复方式，有两种恢复方式供选择：最近一次记账前状态和恢复到月初状态；选择了恢复方式后，按【确定】按钮并输入账套主管口令系统开始恢复数据。

（3）再次在【对账】窗口中，按【Ctrl+H】键，将隐藏【恢复记账前状态】功能。

（4）在【审核凭证】功能界面查询错误凭证，找到错误凭证将错误的凭证取消审核并标错，在【填制凭证】功能界面查询错误凭证，在错误处进行修改后保存，然后重新审核与记账。

注意：通常只能由凭证填制人修改自己填制的凭证，也可以在选项设置中选择可以修改他人填制的凭证。

3. 账簿查询与打印的内容与具体操作

（1）账簿查询与打印的内容。

①总账的查询及打印。用于查询及打印借、贷、余三栏式账目。

②余额表的查询及打印。用于查询及打印各级科目的本期发生额、累计发生额和余额等数据，即六栏式账簿。

③明细账的查询及打印。用于查询及打印各账户的明细发生情况，以及按条件组合查询明细账。系统提供了三种明细账的查询格式：普通明细账、按科目排序明细账和月份综合明细账。

④序时账的查询及打印。用于按时间顺序排列每笔业务的明细数据，即按流水账的形式反映单位的经济业务。

⑤多栏账的查询及打印。用于按多栏明细账的格式，显示输出账簿的内容。由于多栏账中各栏目的结构，因账户的不同而有所不同，因此用户在查询某个多栏账之前，必须先定义其查询格式，然后才能进行查询。

⑥日记账和日报表的查询及打印。用于查询及打印除现金日记账、银行日记账以外的其他日记账，现金日记账、银行日记账在出纳管理中进行查询。

⑦部门辅助账的查询及打印。主要涉及部门辅助总账、明细账的查询，正式账簿的打印，以及部门收支分析等。

⑧个人往来辅助账的查询及打印。涉及个人往来辅助账余额表、明细账查询以及正式账簿的打印、个人往来账清理等。

提供了四种个人往来余额表和五种明细账的查询方法。科目余额表：用于查询某科目下所有人的发生额及余额情况；部门余额表：用于查询某科目某部门下所有人的发生额及余额情况；个人余额表：用于查询部门往来和个人的各往来科目的发生额及余额情况；三栏式余额表：用于查询某科目及个人下各个月的发生额及余额汇总情况；科目明细账：用于查询某科目各个人的明细账；部门明细账：用于查询某部门各个人往来的明细账；个人明细账：用于查询某个人的往来款项的明细账；三栏式明细账：用于查询某个人下某科目各个月的明细账；多栏明细账：用于查询某个人相应科目的多栏明细账。个人往来账清理主要包括：个人往来勾兑、账龄分析以及打印个人往来催款单。

⑨项目辅助账的查询及打印。项目辅助账管理包括项目总账、明细账的查询、打印，以及项目统计表的查询。

（2）账簿查询与打印的具体操作。

①总账查询的具体操作。

第一，单击【总账】—【账表】—【科目账】—【总账】。

第二，输入总账查询条件，如输入科目范围、级次，选择【末级科目】【包含未记账凭证】选项。

第三，按【确认】按钮，进入【总账】查询；在总账查询过程中，可用鼠标点取科目下拉列表框，选择需要查看的科目；用户也可以用鼠标点取屏幕右上方的【账页格式】下拉列表框，显示所选科目的数量、外币总账。

第四，若当前光标不在【期初余额】或【上年结转】所在行时，可单击工具栏中的【明细】按钮，可联查当前科目、当前月份的明细账。

注意：

a. 可将查询条件保存到【我的账簿】中，或直接调用已经保存【我的账簿】进行查询。

b. 总账查询时打印输出的结果供平时查询使用，不能作为正式会计账簿保存，如要作为正式会计账簿保存，应在"账簿打印"功能中打印输出正式账簿。

c. 其他账簿查询与总账查询的具体操作基本相同。

②总账打印的具体操作。

第一，单击【总账】的【账表】的【账簿打印】的【科目账簿打印】下的【总账】。

第二，输入总账打印条件，如输入科目范围、级次，选择【末级科目】【账页格式】选项。

第三，选择完成后，即可用单击【打印】按钮进行打印或单击【预览】按钮查看打印效果。

注意：其他账簿打印与总账账簿打印的具体操作基本相同。

四、银行对账处理

银行对账处理是一个相对独立的子系统，但是由于其功能比较简单，而且银行对账处理的数据与账务处理子系统联系紧密，所以通常将银行对账处理的功能纳入账务处理子系统当中。银行对账处理作为相对独立的子系统运行的基本过程同其他系统一样，包括初始化、日常运行、特定处理。

（一）银行对账处理运行的基本过程及功能

1. 银行对账初始化

（1）代码设置。主要是设置银行对账科目，通常在会计科目设置时要指定银行对账科目，同时在银行对账初始化时选择银行对账科目。

（2）参数设置。主要是设置银行对账初始的启用日期。

（3）初始数额录入。主要是录入单位日记账及银行对账单的调整前余额；录入银行对账单及单位日记账期初未达账项，系统将根据调整前余额及期初未达项自动计算出银行对账单与单位日记账的调整后余额。

银行对账单与单位日记账的调整后余额不相等，将不允许进入银行对账日常运行的银行对账。

2. 银行对账日常运行

（1）单位日记账处理。单位日记账主要是形成单位日记账的记录，获取对账资料。具体可以有两种方式，一是在此处同银行对账单编辑一样录入单位日记账的记录；二是在填制凭证时录入银行对账科目的对账资料，通过"记账"功能形成单位日记账的记录，通常采用后一种方式获取单位日记账的记录的对账资料。

（2）银行对账单编辑。就是录入银行对账单的记录，形成银行对账单的对账资料，具体具有数据增加、修改、删除、查询、打印的功能。

（3）银行对账。就是核对银行对账单与单位日记账的记录。具体有手工对账功能、自动对账功能、取消对账功能以及查询、打印未达账项与已达账项的功能。

（4）银行存款调解表处理。就是根据银行对账的结果，按照企业账面存款余额、银行账面存款余额，加减银行已收企业未收、银行已付企业未付、企业已收银行未收、企业已付银行未付，计算出企业调整后存款余额、银行调整后存款余额并保持一致。同时还提供银行存款调解表的查询、打印的功能。

3. 银行对账特定处理

主要包括删除已达账项。即将已经核对的银行对账单与单位日记账的业务进行清理，保留未达账项以便于下期进行银行对账。

用友软件【银行对账】处理包含在【出纳】处理功能当中，【出纳】处理功能还包括现金日记账、银行日记账、资金日报的查询与打印，支票登记簿管理等。

（二）用友软件银行对账的具体操作

1. 银行对账初始化具体操作

（1）选择【出纳】—【银行对账】—【银行对账期初录入】。

（2）选择银行对账科目，按【确定】按钮。

（3）在启用日期处录入该银行账户的启用日期。

（4）录入单位日记账及银行对账单的调整前余额。

（5）录入银行对账单及单位日记账期初未达项。单击【对账单期初未达项】按钮，按【增加】按钮可增加一笔银行对账单，按【删除】按钮可删除一笔银行对账单。单击【日记账单期初未达账项】按钮，按【增加】按钮可增加一笔期初未达账项，按【删除】按钮可删除一笔期初未达账项。

注意：

a. 系统将根据调整前余额及期初未达账项自动计算出银行对账单与单位日记账的调整后余额。若录入正确，则单位日记账与银行对账单的调整后余额应平衡。

b. 录入的银行对账单、单位日记账的期初未达账项的发生日期不能大于等于此银行科目的启用日期。

c.【银行对账期初】是用于第一次使用银行对账模块前录入日记账及对账单未达项，在开始使用银行对账之后不再使用。

d. 若某银行科目已进行过对账，在期初未达项录入中，对于已勾兑或已核销的记录不能再修改。

e. 在执行银行对账日常运行【银行对账】功能之前，应将【调整后余额】调平（即单位日记账的调整后余额＝银行对账单的调整后余额），否则，在对账后编制"银行存款余额调节表"时，会造成银行存款与单位银行账的账面余额不平。

2. 银行对账日常运行

（1）银行对账单具体操作。

①选择【出纳】—【银行对账】—【银行对账单】。

②选择银行对账科目（银行账户）、月份范围。

③按【增加】按钮，在对账单列表最后一行增加一空行，可增加一笔银行对账单。

具体还具有修改、删除、查询、打印银行对账单操作。如按【删除】按钮可删除一笔银行对账单。

（2）银行对账具体操作。

①选择【出纳】—【银行对账】—【银行对账】。

②选择银行对账科目（银行账户）、月份范围。单击【确认】按钮，屏幕显示对账界面，左边为单位日记账，右边为银行对账单。单击【显示方式】按钮，可由水平改变为上下显示方式。

③自动对账。单击【对账】按钮，输入对账截止日期，选择对账条件（日期相差12天之内，结算方式、票号相同），单击【确定】按钮，进行自动银行对账。

④手工对账。如果已进行过自动对账，可直接进行手工调整。在单位日记账中选择要进行勾兑的记录，单击【对账】按钮后系统将在银行对账单区显示票号或金额和方向，同单位日记账中的银行对账单进行对账。再次单击【对照】按钮则为取消对照。在当前单位日记账的【两清】区双击鼠标左键，标上两清标记——"Y"，同样的，双击银行对账单

中对应的对账单的两清区，标上两清标记。

⑤单击【检查】按钮检查对账是否有错，如果有错误，应进行调整。

注意：

a. 可以取消对账。

b. 手动取消勾兑：双击要取消对账标志业务的【两清】区即可。

c. 自动取消勾兑：单击【取消】按钮，选择要进行反对账的期间和取消的数据范围，单击【确定】按钮，系统将自动对此期间已两清的银行账取消两清标志。

（3）余额调节表查询打印。

①选择【出纳】—【银行对账】—【余额调节表查询】。

②查看余额调节表，将光标移到查看的对账科目上，单击【查看】按钮或双击该行，则可查看该银行账户的银行存款余额调节表。

③在查看银行余额调节表中，当按【详细】按钮，显示当前光标所在行的详细情况，并提供打印功能。

④单击【打印】可打印银行存款余额调节表。

注意：未达账项与已达账项的查询打印，可以通过选择【出纳】—【银行对账】—【查询对账勾兑情况】进行。

3. 银行对账特定处理

银行对账特定处理的功能主要是核销已达银行账。本功能用于将核对正确并确认无误的已达账项删除。

选择【出纳】—【银行对账】—【核销银行账】，选择要核销的银行科目，按【确定】按钮即可。

注意：按【Alt+U】可以进行反核销。本功能不影响银行日记账的查询和打印。

第三节　账务处理软件的特定处理

一、账务处理软件的特定处理的基本内容

账务处理软件的特定处理的基本内容包括分期结转、数据备份、数据恢复和其他特定处理。具体功能同前所述。

二、用友软件账务处理软件的特定处理的具体操作

（一）结账

1. 用友软件的【结账】就是【分期结转】，具体操作

（1）选择【期末】—【结账】进入此功能。

（2）选择结账月份，单击【下一步】。

（3）核对账簿，按【对账】按钮，系统对要结账的月份进行账账核对。

（4）对账完成后，显示月度工作报告。若需打印，则单击【打印月度工作报告】。

（5）单击【下一步】，按【结账】按钮，若符合结账要求，系统将进行结账，否则不予结账。

2. 注意

（1）上月未结账，则本月不能记账，但可以填制、复核凭证。

（2）若总账与明细账对账不符，则不能结账。

（3）如本月还有未记账凭证时，则本月不能结账。

（4）已结账月份不能再填制凭证。

（5）结账只能由有结账权的人进行，通常反结账操作只能由账套主管执行。

（6）用友软件结账后，可以进行反结账，反结账要选择取消结账的月份，按【Ctrl+Shift+F6】键即可进行反结账。利用反结账可以实现已经结账及记账的记账凭证的修改。

（二）账套输出

1. 用友软件【账套输出】就是【数据备份】，具体操作

（1）以系统管理员身份注册，进入系统管理模块。

（2）选择【账套】菜单下级的【输出】功能，弹出账套输出界面。

（3）在【账套号】处选择需要输出的账套，选择输出路径，单击【确认】按钮完成输出。系统提示输出是否成功的标识。

2. 注意

（1）只有系统管理员（Admin）有权限进行账套输出。

（2）如果将【删除当前输出账套】同时选中，在输出完成后系统会确认是否将数据源从当前系统中删除的工作。

（3）用友软件数据备份有账套输出、年度账输出和设置备份计划三种方式。

（三）账套引入

1. 用友软件【账套引入】就是【数据恢复】，具体操作

（1）以系统管理员身份注册，进入系统管理模块。

（2）选择【账套】的下级菜单【引入】功能。

（3）选择要引入的账套数据备份文件和引入路径，单击【打开】按钮表示确认。如想放弃，则单击【放弃】按钮。

2. 注意

（1）引入的账套将覆盖原有相同账套号的账套数据。

（2）引入以前的账套或自动备份的账套，应先使用文件解压缩功能，将所需账套解压缩后再引入。

（四）其他特定处理

如用友软件提供了对账、清除单据锁定、清除异常任务、上机日志、清退站点、刷新等其他特定处理功能。

第四章　会计报表软件运行的基本过程

报表软件基本用途是编制基本对外财务会计报表和内部报表。通过二次开发可以用于合并报表编制、财务计划编制、财务分析、成本核算、工资核算、统计核算等。

报表软件的基本功能包括各种报表计算、查询、打印。报表软件运行的基本过程包括：报表软件的系统初始化、报表软件的日常运行、报表软件的特定处理。

第一节　报表软件的系统初始化

一、报表软件的系统初始化的基本内容

报表软件的系统初始化的基本内容主要是设置报表软件运行的有关代码与参数，具体主要包括以下功能。

（一）报表增减处理

报表增减处理属于代码设置，就是在会计报表系统中增加或删除一张报表，具体功能包括增加、删除报表。通常增加一张报表需要输入报表的名称。如用友软件通过新建、保存实现增加一张报表，金蝶通过选择【增加报表】功能实现增加一张报表。

（二）报表格式设置

报表格式设置属于参数设置，相当于完成手工绘制空白报表的功能。

1. 会计报表格式设置的基本内容与有关术语

会计报表格式设置的基本内容与有关术语，如表 4-1 所示。

（1）报表的标题，也称主标题，主要是标明报表的名称，如第一行"资产负债表"为报表标题，其所在行为标题行。

（2）报表的副标题，它是报表主标题下方与报表表格上方之间的内容，如第 2 行、第 3 行为副标题，其所在行为副标题行。

（3）报表的表体，它是报表的主要内容，通常是由表格线所围的区域，位于副标题行

的下方。如第 6 行至第 30 行为表体，其所在行为表体行。

（4）报表的表栏名，它是报表表体列或行的名称，如第 4 行、第 5 行为资产负债表表体的列的名称。

（5）报表的尾标题，尾标题又称为附注，它是报表表体下方的内容，其所在行为尾标题行。

（6）报表的行与列，报表行是指报表纵向计量单位，通常用数字表示。报表列是报表的横向计量单位，通常用字母表示。如本表共有 31 行，本表第 1 行为标题行、第 2 行为副标题行、表体共 27 行、第 31 行为尾标题行；本表共有 8 列，分别为 A～H 列。

（7）报表的单元，单元是报表格式的基本单位。每个单元通常用行列坐标表示，如流动负债期初数一栏称为"G6"单元，本表共有 248 个单元（8 列×31 行）。

在报表格式中有时需要将几个单元进行合并，单元的合并也称单元组合，合并后的单元称为组合单元，它是将报表相邻的两个以上单元合并组成的新的单元。通常某一单元不能显示其全部内容或不能满足编辑格式要求时，可将基本单元进行合并形成组合单元。如本表第 1、2、3 行和第 31 行就是组合单元。通常将组合单元视为一个单元。

由一系列相邻的单元或组合单元组成的范围称为区域，它是从起点单元至终点单元组成的一个矩形区。如表体就可以称为 A6：H30 区。

（8）报表的关键字，关键字通常是指能够标识不同实体或属性的数据项目，通过关键字数据项目的取值可以区别不同的实体或属性，如汽车的牌号、人的身份证号等。报表的关键字是指能够区别同一张报表不同具体报表内容的报表项目，它可以唯一标识一个表页，如同是资产负债表，可以用具体的编制单位和日期来区分是哪个单位、什么时间的会计报表。如表 4-1 中"××职业技术学院""2020 年 1 月"就是关键字。

表 4-1　资产负债表

序号	A	B	C	D	E	F	G	H
1	资产负债表							
2	会计：01 表							
3	编制单位：××职业技术学院 2020 年 1 月							
4	资产	行次	年初数	期末数	负债及所有者权益	行次	年初数	期末数
5								
6	流动资产：				流动负债：			
7	货币资金	1			短期借款	46		
8	短期投资	2			应付票据	47		
9	应收票据	3			应付账款	48		
10	应收账款	4			其他应付款	50		
11	减：坏账准备	5			应付职工薪酬	51		
12	应收账款净额	6			应付福利费	52		
13	预收账款	7			未交税金	53		

续表

序号	资产	行次	年初数	期末数	负债及所有者权益	行次	年初数	期末数
14	其他应收款	8			其他未交款	55		
15	存货	9			预提费用	56		
16	待摊费用	10			一年内到期的长期负债	58		
17	流动资产合计	20			流动负债合计	65		
18	长期投资：				长期负债：			
19	长期投资	21			长期借款	66		
20	固定资产							
21	固定资产原价	24						
22	减：累计折旧	25						
23	固定资产净值	26						
24	在建工程	28			所有者权益：			
25	固定资产合计	35			实收资本	78		
26	无形及递延资产：				盈余公积	80		
27	无形资产	36			未分配利润	81		
28	递延资产	37			所有者权益合计	85		
29	无形及递延资产	40						
30	资产总计	45			负债及所有者权益总计			
31	制表：			复核：			财务主管：	

另外报表可以分为固定表与可变表。固定表是报表行数和列数都不发生变化的报表，表4-1就是固定表。可变表是报表行数或列数可以变化的报表，如产品销售明细表行数就是随产品品种增加而增加的，这种表称为可变表。

2. 报表格式设置的基本功能

（1）设置表样大小。设置表样大小就是设置报表的行数与列数，又称定义表尺寸。

（2）绘制表格线。绘制表格线通常就是对表体进行画线。一般要求选择画线区域，然后选择线型及样式。

（3）输入表样内容。输入表样内容就是输入空白报表的标题、副标题、表体的表栏名、尾标题等具体内容。

（4）设置单元属性。设置单元属性包括设置单元类型，单元类型通常有数值型、字符型、表样型。数值型单元在日常运行时可以输入或生成可以进行运算的数值型数据；字符型单元在日常运行时可以输入或生成字符型数据，其内容可以是汉字、字母、数字及各种键盘可输入的符号组成的一串字符；表样型单元是报表格式的内容，是在初始化过程中定义的一个没有数据的空白报表表格所需的所有文字、符号或数字，在日常运行时不允许修改。设置单元属性还包括设置单元字的风格，如设置字体、字形、字号、背景色、前景色、文字对齐的方式、是否折行显示等。设置单元属性还可以包括单元组合，单元组合通常要求必须是同一类型的单元才能进行单元组合。

（5）设置关键字。设置关键字就是定义关键字的项目。报表的关键字项目通常有单位编号、单位名称、年、季、月、日等。

（三）报表数据来源设置

1. 报表数据来源定义

报表数据来源定义属于参数设置，就是设定报表中有关单元数据取值计算的方式。不同会计报表软件有不同的报表数据来源定义的函数及计算公式。要想运行不同会计报表软件必须掌握不同的报表软件函数及计算公式的内容、格式和要求。

会计报表数据来源定义的函数与数学函数的原理是基本相同的，就是明确自变量和因变量关系的一个关系式，但会计报表来源定义的函数的实质是确定自变量与因变量关系的一段程序，当自变量给定一个合法的参数值，该函数必定有一个因变量返回值。不同会计报表软件提供不同函数，但基本上分为两类。

其一是专有函数，即不同软件编写的各自特有函数。如用友软件的期初余额函数为：QC（"科目编码"，会计期，账套号）。当设定三个自变量参数值后系统在报表计算时则自动返回函数值。如设定 QC（"101"，12，01）时则自动返回第一套账的现金科目 12 月期初余额。

其二是通用函数，一般会计报表软件中可直接使用 DBMS 数据库系统中函数。如FOXBASE 中 IIF 函数为：IIF（<逻辑表达式>，条件真值，条件假值）。当给定三个自变量参数，则自动返回函数值。如设定 IIF（B3>0，10，-10），则当 B3>0 时函数返回值为"10"，否则函数返回值为"-10"。

会计报表数据来源定义的计算公式与数学计算公式的原理是基本相同的，也是一种运算关系表达式。不同的会计报表软件规定不同的计算公式表达式的格式，但基本上都是由常量、变量、函数、关系运算符组成的。如表 4-1 中 C7 单元设定为：C7＝QC（"1001"，月）＋QC（"1002"，月）＋QC（"1009"，月），则表中货币资金期初数自动取值为本单位本月份的现金、银行存款、其他货币资金三个账户的期初余额之和。

不同的会计报表软件尽管有不同函数和计算公式表达格式，但会计报表软件数据来源定义主要有如下基本取数方式。

（1）手工送数，即对某一单元无需进行数据来源定义，此项数据在会计报表系统日常运行时，由手工进行输入。

（2）常数计算，即在对某一单元进行数据来源定义时，将其定义为常数运算表达式。如 X1＝3 或 X4＝3+5。

（3）账中取数，即在对某一单元进行数据来源定义时，将其定义为账中取数（科目取数）。如让 D10 单元等于账簿中应收账款的本月期初借方余额。

（4）本表取数，即在对某一单元进行数据来源定义时，将其定义为从本表中其他单元取数。如将表 4-1 中 C17 单元可以定义为：C17 = C7+C8+C9+C12+C13+C14+C15+C16。

（5）它表取数，即在对某一单元进行数据来源定义时，将其定义为从其他报表中取数。通常计算公式中应说明报表名称、报表单位、报表日期、取数报表单元。

（6）它库取数，即在对某一单元进行数据来源定义时，将其定义为从其他数据库取数。通常计算公式中应说明数据库名称、取数字段和取数条件。

2. 报表数据来源定义的基本操作

报表数据来源定义的基本操作包括两种方式。第一，按照不同会计报表软件的报表数据来源定义的函数及计算公式的格式、内容及要求直接输入计算公式的内容。第二，采用软件提供导航方式进行数据来源定义，即按照数据来源定义提示的操作步骤，选择输入有关参数完成数据来源定义。

二、用友软件报表系统初始化的具体操作

用友软件报表系统的具体操作分为格式状态和数据状态。格式状态是完成报表格式设计工作的操作状态，在格式状态下设计报表的格式，如设置表尺寸、行高列宽、单元属性、单元风格、组合单元、关键字、可变区等，以及设置报表的单元公式（计算公式）、审核公式、舍位平衡公式；在格式状态下所做的操作对本报表所有的表页都发生作用。在格式状态下不能进行数据的录入、计算等操作。数据状态是完成报表数据处理工作的操作状态，在数据状态下对报表的数据进行录入、计算、加工、输出，如输入数据、报表计算、审核、舍位平衡、查询、打印，以及增加或删除表页、作图、汇总、合并报表等；在数据状态下不能修改报表的格式。

用友软件报表系统提供一个状态切换的【格式/数据】按钮，点取这个按钮可以在格式状态和数据状态之间切换。用友软件报表系统初始化的具体操作是在格式状态下进行的，以表 4-1 为例，用友软件报表系统初始化的具体操作主要包括以下步骤。

（一）建立一张新报表

1. 启动 UFO 报表模块

单击【UFO 报表】。

2. 新建报表

选择【文件】菜单中的【新建】功能，或单击【新建】图标，并自动进入格式状态。

3. 保存报表

选择【文件】菜单下的【保存】功能，系统弹出保存的对话框，输入文件名："xxxx"，系统默认文件扩展名为："．rep"，单击【确认】保存。

4. 关闭或退出报表

选择【文件】菜单下的【关闭】功能。文件"xxxx．rep"被关闭。

注意：

（1）如果忘记保存文件，选择【文件】菜单下的【关闭】或【退出】功能时，在关闭或退出报表以前，系统将提醒用户保存文件。

（2）如果继续设计报表的格式和设置报表的计算公式，此时可以不进行关闭或退出操作。待设计报表的格式和设置报表的计算公式完成后执行关闭或退出文件操作。

（二）设计报表的格式

报表格式设计应当完成以下工作：设置表尺寸、定义行高和列宽、画表格线、设置单元属性、定义组合单元、设置可变区、确定关键字在表页上的位置等。

如果需要制作一个标准的财务报表，如：资产负债表等，也可以利用系统提供的财务报表模板自动生成一个标准财务报表。具体操作是单击【格式】菜单下的【报表模板】，然后选择【所在的行业】与【财务报表】，单击【确认】，最后进行一些必要的修改即可。

1. 定义表尺寸

就是定义电子表格的大小，表 4-1 共 31 行，8 列；选择【格式】菜单下的【表尺寸】，系统将弹出【表尺寸】对话框，将行数改为 31，列数改为 8，然后单击【确认】。

注意：如果在设计过程中发现定义的表尺寸有误，可通过【编辑】菜单下的【插入】【删除】【追加】或【交换】命令，增加、删除或交换行、列数。

2. 绘制表格线

选择绘制表格线区域，如选择 "A4：H30" 区域（将鼠标移动到 A4 单元，然后按住左键拖动至 H30 单元），选择【格式】菜单中【区域画线】功能，弹出【区域画线】对话框，选择画线的类型和样式，然后单击【确认】。

3. 输入表样内容

输入表样内容就是输入报表标题行、副标题行、报表的表栏名、尾标题行等内容。在输入表样内容时如果某单元长度不够或有输出格式要求，则可以将单元进行合并形成组合单元。

（1）设置单元类型。选择【格式】菜单中【单元属性】功能，弹出【单元格属性】的【单元类型】对话框，选择单元的【数字】【字符】【表样】类型，单击【确认】按钮。如将 "A1：H5" "A6：B30" "E6：F30" "A31：H31" 区域定义为表样单元；把需要进行数字处理的单元如 "C6：D30" "G6：H30" 区域定义为数值单元；把需要输入字符的单元定义为字符单元。

（2）组合单元。选中需要组合的区域，选择【格式】菜单中【组合单元】功能，弹出【单元格属性】的对话框，然后选择【整体组合】【取消组合】【按行组合】【按列组合】【放弃】按钮。如将 "A1：H1" "A2：H2" "A3：H3" "A4：A5" 等进行组合。

（3）输入表样单元的内容。选择输入的表样单元，输入响应内容，如输入 "A1：H1" "A2：H2" "A4：H5" "A6：B30" "E6：F30" "A31：H31" 单元或组合单元的内容。如将"A1：H1"组合单元输入内容为"资产负债表"。

4. 设置关键字

选择【数据】菜单中【关键字】菜单下【设置】功能，然后选择【单位编号】【单位名称】【年】【季】【月】【日】选项，单击【确认】按钮。

5. 设置报表输出格式

（1）设置字形、字体、字号。选择【格式】菜单中【单元属性】功能，弹出【单元格属性】的【字体图案】对话框，选择单元的【字形】【字体】【字号】【颜色图案】，单击【确认】按钮。

（2）设置单元内容对齐方式。选择【格式】菜单中【单元属性】功能，弹出【单元格属性】的【对齐】对话框，选择单元的垂直或水平方向【自动】【居左】【居中】【居右】的对齐方式，单击【确认】按钮。

（3）设置行高、列宽。选中设置行高、列宽的区域，选择【格式】菜单中【行高】或【列宽】功能，弹出【行高】或【列宽】对话框，输入【行高】或【列宽】的数值，单击【确认】按钮。

（三）定义报表公式的单元公式

用友软件报表系统有三类公式：单元公式、审核公式、舍位平衡公式。单元公式：单元公式也称计算公式，用于定义报表数据之间的运算关系，定义单元公式需要【数据】菜单中【编辑公式】菜单下【单元公式】功能，也可以在报表数值单元中键入【=】或单击【FX】按钮直接定义计算公式；审核公式：用于审核报表内或报表之间的勾稽关系是否正确，定义审核公式需要选择【数据】菜单中【编辑公式】菜单下【审核公式】功能；舍位平衡公式：用于报表数据进行进位或小数取整数调整数据，避免破坏原有数据平衡，定义舍位平衡公式需要选择【数据】菜单中【编辑公式】菜单下【舍位公式】功能。定义单元公式是定义报表公式的基本内容。

1. 单元公式的组成

单元公式是描述报表中数据生成来源的运算式，是为报表单元赋值的公式，它可以将单元赋值为数值或字符。定义单元公式属于报表数据来源设置。利用单元公式可从本表页、其他表页、其他报表提取数据，也可以从账务、应收、应付、工资、固定资产、资金管理、财务分析、采购、存货、库存、销售等模块提取数据。

单元公式的格式是：<区域>=<表达式>

其中：<区域>是定义公式的单元。它可以是一个单元，也可以是一组区域单元。

<表达式>是函数、单元名称、运算符、括号等组成的数值或字符运算式。

例如，定义的公式："C23＝C21－C22"，固定资产净值的计算公式。

另外，当某一区域内各单元的公式极其相似时，就需要用到区域公式。区域公式使一个区域等于另一个区域或其他几个区域的计算结果。

例如：一个矩形表，第 4~10 行中 E 列的值等于同一行 B、C、D 列数值之和，第 11 行 B~E 列等于各自 4~10 行之和。

如果按照前面的方法，需要分别定义：E4~E10、B11~E11 每个单元的公式。采用区域公式，可简化这种定义。公式定义为：

E4：E10=B4：B10+C4：C10+D4：D10。

实际运算结果为：E4=B4+C4+D4、E5=B5+C5+D5+…+E10=B10+C10+D10。

B11：E11=B4：E4+B5：E5+B6：E6+B7：E7+B8：E8+B9：E9+B10：E10。

实际运算结果为：B11=B4+B5+B6+B7+B8+B9+B10、C11=C4+C5+C6+C7+C8+C9+C10 等。

2. 常用函数

用友软件报表系统还提供了大量的实用函数，在单元公式中可以灵活运用这些函数，设计出更加适用的报表。下面是用友软件报表系统的常用函数。

（1）统计函数。统计函数分为固定区取数函数、可变区取数函数和立体方向取数函数，如表 4-2 所示。

表 4-2　统计函数一览表

函数功能	固定区	可变区	立体方向
合计函数	PTOTAL	GTOTAL	TOTAL
平均值函数	PAVG	GAVG	AVG
计数函数	PCOUNT	GCOUNT	cOUNT
最小值函数	PMIN	GMIN	MIN
最大值函数	PMAX	GMAX	MAX
方差函数	PVAR	GVAR	VAR
偏方差函数	PSTD	GSTD	STD

固定区是组成一个区域的行数和列数的数量是固定的数目。一旦设定好后，在固定区域内其单元总数是不变的。

可变区是屏幕显示一个区域的行数或列数是不固定的数字，可变区的最大行数或最大列数是在格式设计中设定的。

固定区、可变区函数格式：PTOTAL（<区域>[，<区域筛选条件>]）。

返回值：指定区域内所有满足区域筛选条件的固定区单元的合计。

立体方向函数是对报表中所有表页，指定区域数据进行运算。

立体方向函数格式：TOTAL（<区域>[，<页面筛选条件>]）。

返回值：符合页面筛选条件的所有页面的区域内各单元值的合计数。即对多个表页的某一部分进行汇总。

例如：

TOTAL（A3：A5），返回本表中所有表页 A3：A5 各单元值的合计。

TOTAL（A3：A5，年＝2001），返回本表中关键字"年"等于2001的各表页A3：A5各单元值的合计。

（2）从本表他页取数函数——SELECT（）函数。

格式：SELECT（<区域>［，<页面筛选条件>］）

功能：本表他页取数函数。

返回值：符合页面筛选条件的本表他页数据区域。

例如"损益表"中，求累计值时可以定义如下：

本年累计：D5＝C5+SELECT（D5，年@＝年 and 月@＝月+1）。

上月数：E5＝SELECT（C5，年@＝年 and 月@＝月+1）。

上年同期：F5＝SELECT（C5，年@＝年+1and 月@＝月）。

（3）账务取数函数，如表4-3所示。

表4-3　账务取数函数一览表

功能	金额	数量	外币
期初额函数	QC	SQC	WQC
期末额函数	QM	SQM	WQM
发生额函数	FS	SFS	WFS
累计发生额函数	LFS	SLFS	WLFS
条件发生额函数	TFS	STFS	wTFS
对方科目发生额函数	DFS	SDFS	WDFS
净额函数	JE	SJE	WJE
汇率函数	HL		

账务函数的格式：

函数名（<科目>，<会计期间>，［<方向>］，［<账套号>］，［<会计年度>］，［<编码1>］，［<编码2>］）

参数说明：

科目：可以是科目编码，也可以是科目名称，必须用双引号引起来。

会计期间：可以是"全年""季""月"等，也可以是数字。

方向：合法的方向为"借""贷"。

账套号：账套编号，缺省时默认第一账套。必须用双引号引起来。

会计年度：取数的年度。

编码1，编码2：与科目的核算账类有关，取科目的辅助账数据。

例如：

QC（"109"，全年，"001"，2001），返回001套账"109"科目2001年初余额。

QC（"20301"，全年，"001"），返回001套账"20301"科目本年初余额。

QM（"20301"，月，"001"），返回001套账"20301"科目本年本月期末余额。

QM（"20301"，全年，"001"，2000，"部门一"），返回001套账"20301"科目

2000 年部门一的年末余额。

（4）其他函数。除以上常用函数外，系统还提供了其他一些函数。

数学函数：SIN 正弦函数、COS 余弦函数、TAN 正切函数、CTAN 余切函数、ABS 绝对值函数、INT 取整函数、SQR 平方根函数、LN 自然对数函数、LOG 常用对数函数、EXP 指数函数、ROUND 四舍五入函数、PAI 圆周率函数。

表操作辅助函数：MRECNO 页面号函数。

日期函数：SECOND 秒函数、MINUTE 分函数、HOUR 小时函数、DAY 日期函数、MONTH 月份函数、SEASON 季度函数、YEAR 年函数。

条件取值函数：IFF 条件取值函数。

读取数据库数据函数：INDB 读取数据库数据函数。

指针状态类函数：MBOF 页面头函数、MEOF 页面尾函数、MNUMBER 页面数函数、SNUMBER 可变区大小函数。

字符处理函数：LEN 字符串长度函数、STR 数值型值转换成字符型值、SUBSTR 取子串函数、TRIM 去空格函数、LOWER 字符串转换为小写字母函数、UPPER 字符串转换为大写字母函数、VAL 字符串转换为数值型值。

交互输入函数：GETINT 窗口交互输入数值函数、GETSTR 窗口交互输入字符函数。

文件函数：FILE 文件检测函数。

另外，还有近 100 个从其他模块中取数的函数等。

关于这些函数的应用，请参考有关资料的说明。

3. 定义单元公式操作

例如定义资产负债表中的货币资金的年初数——C7 单元公式时，设置单元公式操作如下。

第一，调用【定义单元公式】功能：选中 C7 单元，单击编辑栏【fx】按钮，或按【=】键，或选择【数据】菜单中【编辑公式】菜单下【单元公式】功能，系统弹出【定义公式】窗口。

第二，定义单元公式。若知道取数公式，可在【定义公式】窗口的编辑框内直接输入取数公式，然后单击【确认】即可；否则可通过函数向导来完成，单击【函数向导】按钮，屏幕显示【函数向导】窗口，在【函数分类】栏选择【用友账务函数】，在函数名栏选择【期初（QC）】，然后单击【下一步】，进入【用友账务函数】窗口，该窗口上边为函数名称、格式和说明，下边为函数录入编辑框，若根据函数格式能够填写出函数公式，则直接在函数录入编辑框中录入即可，否则可单击【参照】按钮，屏幕显示【财务函数】窗口，要求选择以下函数参数。

账套号：如果取数的账套号，就是报表系统设置的账套号，采用系统默认值，否则选择取数的账套号。

科目：单击科目参照，选择取数科目【1001 库存现金】。

期间：在下拉列表框中选择取数【全年】。

会计年度：如果取本年度数，可采用系统默认值，否则选择具体的会计年度。

方向：选择【默认】。

选择完成后，单击【确定】按钮返回到【定义公式】窗口，屏幕显示："QC（1001，全年,,,,,,,,,）"，再输入【+】号，重复第二步定义公式，使"C7＝QC（1001，全年,,,,,,,,,）+QC（1002，全年,,,,,,,,,）+QC（1009，全年,,,,,,,,,）"，即货币资金的年初数等于库存现金、银行存款、其他货币资金全年期初之和。同理可以定义其他用友账务函数取数公式。

注意：在输入单元公式时，凡涉及的字母、符号等必须输入英文半角字符。

（四）其他初始设置

其他初始设置在不同会计报表软件中有所不同，但一般包括以下内容：定义舍位平衡公式、定义报表审核公式、单元保护设置、报表格式保护设置、定义可变表有关设置等。

1. 定义舍位平衡公式

（1）舍位平衡公式含义。舍位平衡是指报表数据在进行进位时使之保持原有的平衡关系，如：以"元"为单位的报表，在上报时可能会转换为以"千元""万元"为单位的报表，原来满足的数据平衡关系可能被破坏，因此需要进行调整，使之符合指定的平衡公式。

在报表进位之后或小数取整时，重新调整平衡关系的公式称为舍位平衡公式。其中，进行进位的操作叫作舍位，舍位后调整平衡关系的操作叫做平衡调整。

定义舍位平衡公式，首先我们要找出它的平衡关系，例如前面的资产负债表，货币单位为"元"，现在我们对它进行舍位平衡处理，将它转换为"万元"表。资产负债表的主要平衡关系有：固定资产净值＝固定资产原价−累计折旧，即"C23＝C21−C22"，等等。

（2）定义舍位平衡公式的操作。

①调用【定义舍位平衡公式】功能：选择【数据】菜单中【编辑公式】菜单下的【舍位公式】功能，弹出【舍位平衡公式】对话框。

②定义舍位平衡公式：在【舍位平衡公式】对话框输入以下内容。

舍位表名：指定舍位后存入报表的名称，该表名和当前文件名不能相同，默认在当前目录下。如：syb_wy。

舍位范围：舍位数据的区域，要把所有要舍位的数据包括在内。如：C6：H30。

舍位位数：1～8位。舍位位数为1，区域中的数据除10；舍位位数为2，区域中的数据除100；依此类推。舍位到万元舍位位数填4。

输入平衡公式：将舍位后应具有的平衡关系，写入到该编辑框，如输入"C23＝C21−C22"。但应注意：逆序编写，即首先写最终运算结果，然后一步一步向前推；每个公式一行，各公式之间用逗号（","）隔开（半角英文），最后一个公式不用写逗号；公式中只能使用"+""−"符号，不能使用其他运算符及函数；等号左边只能为一个单元（不带页号和表名）；一个单元只允许在等号右边出现一次。

舍位平衡公式编辑完毕，经检查无误后选择【完成】，系统将保存此次舍位平衡公式的设置。

2. 定义审核公式

（1）审核公式的组成。在表格中定义审核公式之前，应首先找出表中的审核关系，下面以前面定义的资产负债表为例，介绍审核公式的定义方法。

资产负债表中数据的勾稽关系，有的是一些数据的运算关系，如：固定资产净值＝固定资产原价−累计折旧；有的是一些数据的平衡关系，如：资产总计的年初数＝负债及所有者权益总计的年初数。在审核过程中，若某项审核不正确，希望给出提示信息如："资产总计的年初数不等于负债及所有者权益总计的年初数"。可如下定义审核公式：

C30＝G30 mess "资产总计的年初数不等于负债及所有者权益总计的年初数！"。

（2）定义审核公式的操作。

①调用【定义审核公式】功能：选择【数据】菜单中【编辑公式】菜单下【审核公式】功能，弹出【审核公式】窗口。

②定义审核公式：在【审核公式】窗口的【审核关系】编辑框中，输入审核公式，如："C30＝G30 mess '资产总计的年初数不等于负债及所有者权益总计的年初数！'"；审核公式编辑完毕，经检查无误后单击【确定】，系统将保存此次审核公式的设置。若不想存盘可按【Esc】键或选择【取消】放弃此次操作。

第二节　报表软件的日常运行

一、账务处理软件日常运行的基本内容

报表软件日常运行的基本内容是按不同的处理对象——报表提供，报表数据录入、报表数据加工、报表数据校验、报表数据输出。如按照资产负债表、利润表、现金流量表等提供下列处理功能。

（一）报表数据录入

报表数据录入包括关键字值的录入，如"单位编号""单位名称""年""季""月""日"项目的录入；报表数据录入还包括关键数据单元值的录入，如某些单元定义为"字符型"或"数字型"单元属性，而且在初始化过程中又没有定义计算公式，此时可以直接录入单元的值。又如果报表中有可变区，初始只有一行（或一列），需要追加可变行或

可变列，并在可变行或可变列中录入数据。

报表数据录入还可以包括报表数据下载、接收、导入。

（二）报表数据加工

报表数据加工主要包括报表数据计算，通常随着报表数据的录入，当前表的"字符型"或"数字型"单元将自动按照初始化过程中定义单元计算公式运算并显示计算结果，另外也可以选择报表计算的功能对"字符型"或"数字型"单元按照初始化过程中定义单元计算公式运算并显示计算结果。

报表数据加工还可以包括含位平衡计算，如果在初始化过程中定义了含位平衡公式，通过选择报表【含位平衡】的功能可以对报表进行含位平衡计算，生成含位平衡后的报表。

此外报表数据加工还可以包括报表汇总和报表合并。

（三）报表数据校验

报表数据校验主要是指报表数据审核，如果在初始化过程中定义了审核公式，通过选择报表【审核】的功能可以对报表进行审核并提示审核的结果。

（四）报表数据输出

报表数据输出主要包括报表查询和打印。

此外报表数据加工还可以包括报表数据电子数据的生成、上报与发送、报表数据的导出。

二、用友软件报表系统日常运行的具体操作

用友软件报表系统日常运行的具体操作是在数据状态下进行的。用友软件报表系统提供一个状态切换的【格式/数据】按钮，点取这个按钮可以在格式状态和数据状态之间切换。用友软件报表系统日常运行的具体操作主要包括以下步骤。

（一）打开一张报表

1. 启动 UFO 报表模块
单击【UFO 报表】。

2. 打开报表
选择【文件】菜单中的【打开】功能，或单击【打开】图标，并自动进入数据状态，进入数据状态后选择数据处理的表页。

（二）报表数据录入

用友软件报表系统日常运行的报表数据录入主要是关键字值的录入，如"单位编号""单位名称""年""季""月""日"项目的录入。

1. 选择关键字值的录入功能

选择【数据】菜单中的【关键字】子菜单【录入】功能，弹出【录入关键字】窗口。

2. 录入关键字

在【录入关键字】窗口，录入"单位编号""单位名称""年""季""月""日"等项目的内容。

（三）报表数据计算

通常随着报表数据的录入，当前表的"字符型"或"数字型"单元将自动进行报表数据计算并显示计算结果，另外也可以选择【数据】菜单下的【表页重算】的功能即可完成报表数据计算并显示计算结果。

如果需要舍位平衡处理，报表数据计算还包括舍位平衡计算，选择【数据】菜单下的【舍位平衡】的功能即可完成报表数据舍位平衡处理并生成舍位平衡后的报表。打开定义舍位平衡公式时指定的舍位表，可以看到调整后的报表。

（四）报表数据审核

选择【数据】下的【审核】功能，用友软件报表系统将按照审核公式逐条审核表内的关系，当报表数据不符合勾稽关系时，屏幕上出现其提示信息。记录该提示信息后，按任意键继续审核其余的公式。

注意：

按照记录的提示信息修改并重新计算报表数据，再进行审核，直到不出现任何提示信息，表示该报表各项勾稽关系正确。

每当对报表数据进行过修改或计算后，都应该进行审核，以保证报表数据的正确。

（五）报表数据预览及打印

报表数据输出主要包括报表数据输出预览及打印。选择【文件】下的【打印预览】或【打印】功能，即可完成报表预览及打印。

注意：报表数据输出还可以包括报表图形处理，选取报表数据后，选择【工具】下的【插入图表对象】功能，就可以制作各种图形，如：直方图、扇形图、折线图、面积图、立体图等，图形可随意移动，图形的标题、数据组可以按照要求设置，并可以打印输出。

打印的报表可控制打印方向，横向（或纵向）打印；可控制行列打印顺序；可以设置页眉和页脚，设置财务报表的页首和页尾；可进行缩放打印等。可以通过【页面设置】【打印设置】【强制分页】等功能进行设置。

（六）其他日常运行处理

1. 报表数据透视

在 UFO 中，大量的数据是以表页的形式分布的，正常情况下每次只能看到一张表页。要想对各个表页的数据进行比较，可以利用数据透视功能，把多张表页的多个区域的数据显示在一张表中。

例如：要考察 2021 年 1、2 两个月的收入、成本及销售利润情况。报表数据透视的操作步骤如下所述。

（1）点取要透视的第一张表页的页标，将对它和它之后的表页的数据进行透视，选择【数据】菜单中的【透视】功能，系统弹出【多区域透视】对话框。

（2）在【透视区域】编辑框中，输入区域范围，如："C5：C9"等，不同的区域要用逗号隔开；在列标字串编辑框中，输入每个透视单元的列标（即单元数据的含义描述），如："收入，成本，费用，税金，利润"等，列标之间要用逗号隔开，若不输入列标，则在列标处显示单元名称。

（3）输入完毕后，按【确定】将生成透视表，显示出【透视】对话框。

（4）利用对话框中的【保存】按钮可以把数据透视结果保存为报表，单击【确定】按钮关闭对话框。

2. 报表数据汇总

报表汇总就是将报表数据进行叠加。UFO 报表系统的汇总功能非常强大，它既可以汇总报表中所有的表页，也可以只汇总指定条件的表页，汇总后的数据可以追加存放在本报表的最后或生成一个新的汇总报表。报表数据汇总的操作步骤如下所述。

（1）打开需汇总的报表文件，选择【数据】菜单中【汇总】下的【表页】，系统将弹出【表页汇总——步骤 1/3】对话框，此对话框用于指定汇总数据保存的位置。如果要把汇总结果保存在本报表中，点取【汇总到本表最后一张表页】单选按钮，系统将自动追加一张表页，并把汇总数据存在这张表页中；如果要把汇总结果保存到一个新的报表中，点取【汇总到新的报表】单选钮，并且在编辑框中输入路径和新的报表名称（省略路径时表示在当前目录下）。如果输入的报表名是一个已存在的报表，汇总后将删除此报表原有内容。

如果此时单击【完成】，则系统将汇总报表中的所有表页，并存放到指定位置，汇总完成。

（2）按条件汇总，则单击【下一步】按钮，将弹出【表页汇总——步骤 2/3】对话框，此对话框用于指定汇总哪些表页。

在此输入表页的汇总条件，汇总条件可以是单元、关键字的值，也可以是表页号，汇总条件可以有多个，它们之间用"并且""或者"连接。选择输入条件后，按【加入】系统将汇总条件加入【汇总条件编辑框】中。

如果此时单击【完成】，则系统将按输入的条件汇总报表；若没有输入条件，则汇总全部表页。

（3）可变表汇总。如果报表中含有"可变区"（见前面的可变表），请点取【下一步】按钮，系统将弹出【表页汇总——步骤3/3】对话框，此对话框用于处理报表中的可变区。

若点取【按物理位置汇总】，UFO 报表系统将忽略可变区数据的实际意义，直接把可变区数据按位置叠加；若点取【按关键值汇总】后，在关键值列表框中选择一个关键值，此关键值为行可变区的某一列或者列可变区的某一行。如果此关键值为字符型，则将按照关键值的顺序进行汇总；如果此关键值为数值型，则只对此关键值进行物理汇总，可变区中的其他数据不汇总。

选择后单击【完成】按钮，将生成汇总结果。

（七）关闭或退出报表系统

选择【文件】菜单下的【关闭】功能。当前文件将被关闭。

第三节　报表软件的特定处理

一、报表软件的特定处理的基本内容

报表软件的特定处理的基本内容包括分期结转、数据备份、数据恢复、其他特定处理。具体功能同前所述。

二、用友软件报表软件的特定处理的具体操作

（一）分期结转

用友软件将【分期结转】通过【增加表页】或【文件另存为】完成。

表页管理包括增加表页、交换表页、删除表页、表页排序。增加表页有追加和插入表页两种方式。

1. 插入表页的具体操作

（1）打开一张报表，选择要插入表页的页标，使该页成为当前表页。

（2）选择【编辑】菜单中【插入】下的【表页】，系统将弹出【插入表页】对话框。

（3）在【插入表页数量】编辑框中输入要插入的表页数，然后单击【确认】按钮。系统便在当前表页位置插入了指定的表页数，当前及以后的表页自动后移，表页号重新排列，表页插入完毕。

若【追加表页】选择【编辑】菜单中【追加】菜单下的【表页】功能进行操作；若【交换表页】选择【编辑】菜单中【交换】下的【表页】功能进行操作；【删除表页】选择【编辑】菜单中【删除】菜单下的【表页】功能进行操作；【表页排序】选择【数据】菜单中【排序】下的【表页】功能进行操作。

注意：用友软件报表软件通过【增加表页】即可生成一张新的空白表页，在这张新的空白表页上即可进行下一月份的报表的日常运行，编制下一月份的报表。

2. 文件另存为的具体操作

（1）打开一张报表。

（2）选择【文件】菜单中【另存为】的功能，系统将弹出【另存为】对话框。

（3）在【另存为】对话框中，选择另存为保存路径并输入文件名，然后单击【另存为】按钮。

注意：用友软件报表系统通过【另存为】即将当前报表进行了另行保存，也即实现了报表的数据备份，在这张另行保存报表上即可进行下一年份的报表的日常运行，编制下一年份的报表。

（二）数据备份

用友软件报表系统的【数据备份】可以通过前述【文件】【另存为】完成。也可以通过 Windows 系统下【复制】【粘贴】来实现。

注意：用友软件报表系统的【账套输出】并不能将报表数据进行备份。

（三）数据恢复

用友软件将【数据】称为【账套引入】。具体操作如下：用友软件报表系统的【数据恢复】可以前述通过【文件】【另存为】完成。也可以通过 Windows 系统下【复制】【粘贴】来实现。

注意：用友软件报表系统的【账套引入】，并不能将报表数据进行恢复。

（四）其他特定处理

如用友软件提供了文件口令，格式加、解锁的报表文件的保护等其他特定处理功能。

1. 文件口令

若某些报表文件需要限制访问的权限，可以为该报表设置文件口令。设置有文件口令的报表，在打开时，必须输入正确的口令，否则不能打开。设置口令的具体操作如下所述。

（1）在当前文件下，选择【文件】菜单中的【文件口令】，系统弹出【设置文件口令】对话框。

（2）在【设置文件口令】对话框中输入口令。口令可以是字母、数字、空格、符号的任意组合，但长度不能超过256个字符，在UFO报表系统中口令不区分大小写，例如："SYSTEM"等同于"system"。键入口令时，UFO会将每个键入的字符都显示为星号"＊"。

（3）保存并关闭该报表。当再次打开该报表时，系统会弹出【文件口令】对话框，在【口令】编辑栏输入正确的口令，就可以打开此报表，否则不能进入。

注意：如果需要更改口令，打开该报表，重新设置即可。

2. 格式加锁、解锁

对某些报表格式，一旦设计好后基本不变，对它们进行加、解锁，可以灵活管理报表样板。报表格式加锁后，想要进入格式状态修改报表格式必须输入正确口令。如果口令有误，则不能进入报表格式状态，只能在数据状态下操作。

报表格式的加、解锁，也就是对报表样板设置或取消口令。加锁的方法是：单击【格式】菜单中【保护】下的【格式加锁】，打开【格式加锁】对话框，输入加锁口令即可。

对于格式加锁的报表，若想单击【格式/数据】按钮，进入格式状态，则系统要求输入格式口令，口令不正确不能进入。

解锁即取消口令，解锁的方法是：单击【格式】菜单中【保护】下的【格式解锁】，此时系统要求输入加锁时的口令，输入口令后，单击【确认】即可。

三、用友软件UFO报表系统运行的基本过程

简要说明用友软件UFO报表系统运行的基本过程及如何在格式状态下定义一张报表，在数据状态下输出不同会计期间或不同账套的报表。

（一）用友软件报表系统初始化的具体操作（在格式状态下进行）

1. 建立一张新报表

2. 设计报表的格式

（1）定义表尺寸。

（2）绘制表格线。

（3）输入表样内容。

（4）设置关键字：在数据状态下输出不同会计期间或不同账套的报表必须设置关键字。

选择【数据】菜单中【关键字】菜单下【设置】功能，然后选择【单位编号】【单位名称】【年】【季】【月】【日】选项，单击【确认】按钮。

（5）设置报表输出格式。

3. 定义报表公式的单元公式

在数据状态下输出不同会计期间或不同账套的报表账套号必须采用系统默认。会计年度必须采用系统默认。

（二）用友软件报表系统日常运行的具体操作（在数据状态下进行）

1. 打开一张报表

2. 报表数据录入

在数据状态下输出不同会计期间或不同账套的报表必须录入关键字，如"单位编号""单位名称""年""季""月""日"项目的录入。

（1）选择关键字值的录入功能。选择【数据】菜单中的【关键字】子菜单【录入】功能，弹出【录入关键字】窗口。

（2）录入关键字。在【录入关键字】窗口，录入"单位编号""单位名称""年""季""月""日"等项目的内容。

3. 报表数据计算

4. 报表数据审核

5. 报表数据预览及打印

（三）用友软件报表软件的特定处理的具体操作（在数据状态下进行）

1. 分期结转

（1）在数据状态下输出不同会计期间或不同账套的报表必须【增加表页】或【文件另存为】。

插入表页的具体操作如下所述。

①打开一张报表，选择要插入表页的页标，使该页成为当前表页。

②选择【编辑】菜单中【插入】下的【表页】，系统将弹出【插入表页】对话框。

③在【插入表页数量】编辑框中输入要插入的表页数，然后单击【确认】按钮。系统便在当前表页位置插入了指定的表页数，当前及以后的表页自动后移，表页号重新排列，表页插入完毕。

④在新的表页重复日常运行的具体操作可以输出不同月份的报表。

（2）文件另存为的具体操作如下所述。

①打开一张报表。

②选择【文件】菜单中【另存为】的功能，系统将弹出【另存为】对话框。

③在【另存为】对话框中，选择【另存为】保存路径并输入文件名，然后单击【另存为】按钮。

④打开另存为文件重复日常运行的具体操作可以输出不同年份或不同账套的报表。

2. 数据备份

用友软件报表系统的【数据备份】可以前述通过【文件】【另存为】完成。也可以通过 Windows 系统下【复制】【粘贴】来实现。

注意：用友软件报表系统的【账套输出】并不能将报表数据进行备份。

3. 数据恢复

用友软件将【数据】称为【账套引入】。具体操作如下：用友软件报表系统的"数据恢复"可以前述通过【文件】【另存为】完成。也可以通过 Windows 系统下【复制】【粘贴】来实现。

通过数据备份与数据恢复功能打开备份或恢复文件重复日常运行的具体操作，可以输出不同月份或年份或不同账套的报表。

4. 使用用友软件报表子系统应当注意的事项

（1）要进行输出格式定义以符合会计制度设计的表格设计要求。①定义单元的字体、字形、字号、"颜色图案""对齐""折行显示"。②定义行高、列宽、页面设置、打印设置、打印预览。

（2）用友报表软件的文件扩展名为"REP"。

（3）掌握从新建开始定义报表和利用原有报表或报表模板修改定义报表。

（4）①资产负债表的函数公式：年初为"全年的 QC"、期末为"月的 QM"；②利润表的函数公式：本月数为"月的 FS"、本年累计为"月的 LFS"；③现金流量表的函数公式：年报本期数为"全年的 FS"、"月的 LFS"或"全年的 LFS"。

（5）不要只用函数向导定义公式，应当用复制和粘贴及修改的方法定义公式，以加快速度。

（6）报表的错误主要有以下三种。

①报表日常运行的具体操作错误。检查以下各项并进行相应操作：当前账套（引入账套）是否正确、是否录入关键字、报表是否计算。

②报表公式定义错误。检查核对账簿与报表数据：如果账簿与报表不一致则是报表公式定义有错误，修改报表公式定义。

③账簿数据有错误。检查核对账簿与报表数据：如果账簿与报表一致但报表数据有误则是账簿错误，进行账簿更正。

第五章 工资软件运行的基本过程

工资软件基本功能主要包括：工资结算单处理、工资汇总分配处理、工资转账处理。有的工资软件的工资结算单处理还包括计件工资处理。

目前绝大多数商品化工资软件都采用通用化设计方式。即工资项目、工资计算公式、工资打印格式采用用户自定义方式，以适应不同单位需要。

工资软件运行的基本过程包括：工资软件的系统初始化、工资软件的日常运行、工资软件的特定处理。

第一节 工资软件的系统初始化

一、设置工资软件运行有关参数

（一）参数设置的基本内容

1. 设置系统参数

设置系统参数包括的内容与账务处理软件基本相同，主要包括：记账本位币具体参数、是否预置科目具体参数、有无外币核算具体参数、编码方案具体参数、数据精度具体参数等。

2. 设置工资子系统参数

设置工资子系统参数主要包括：工资类别是单个还是多个设置、核算的币种选择、扣税设置、扣零设置、人员编码方案设置、启用日期设置、工资核算公式设置、所得税参数设置等。

注意：工资子系统参数设置在不同的工资软件中有所不同。

（二）设置参数的基本功能

设置参数的基本功能包括：设置与修改。

（三）用友软件工资子系统参数设置的具体内容与操作

用友软件工资子系统参数设置的具体内容包括：选择设置工资核算是一类还是多类、工资发放币种、是否核算计件工资、是否扣税、是否扣零、职工编码长度、工资系统启用日期、工资核算公式设置、所得税参数设置、分款单设置、打印格式定义等。

首次使用用友软件工资子系统将自动进入建账向导进行参数设置，具体操作如下所述。

（1）选择本账套所需处理的工资类别个数：工资类别有【单个】和【多个】两类，当单位中所有人员的工资统一管理，而人员的工资项目、工资的计算公式全部相同，选择【单个】，否则当核算单位每月多次发放工资，或者单位中有多种不同类别的人员，工资发放项目不同，计算公式也不相同，但需进行统一工资核算管理时，应选择【多个】。

（2）选择核算币种：一般选择【人民币】，币别，若选择账套本位币以外其他币别，则还须在工资账套参数维护中设置汇率。

（3）选择是否计件工资核算：若选择计件工资，则还须启用【计件工资】子系统，通过计件工资子系统计算计件工资项目数据。

（4）代扣税设置：如要从工资中代扣个人所得税，选择【代扣个人所得税】。

（5）扣零设置：扣零处理是指每次发放工资时零头扣下，积累取整，于下次工资发放时补上，系统在计算工资时将依据扣零类型进行扣零计算，【扣零至元】即工资发放时不发 10 元以下的元、角分。通常以现金发放工资时选择【扣零处理】。选择【扣零处理】后系统自动在固定工资项目中增加【本月扣零】和【上月扣零】两个项目并进行相应的处理。

工资子系统参数设置还可以包括：【人员编码长度】设置、【启用日期】设置。

设置用友软件的工资子系统有关参数的基本操作，通常同前采用选择设置和输入设置方式。

设置用友软件的工资子系统参数在系统应用平台的【人力资源】—【薪资管理】—【设置】—【选项】中设置。但有些参数只能在此显示，不能在此处设置，如【人员编码长度】设置，【启用日期】设置。

二、设置工资子系统必要的项目代码

（一）代码设置的基本内容

1. 系统代码

系统代码主要包括如部门档案、职员档案、开户银行等。

2. 工资子系统代码及参数

工资子系统代码除了包括部门档案、职员档案、人员类别、银行档案等系统代码外，还包括如工资项目、工资项目计算公式（属于参数设置）、工资类别设置、人员附加信息设置、发放次数设置等。工资系统代码设置主要包括以下几点。

（1）部门代码设置。部门代码也称部门档案，就是设置工资发放的本单位内部部门，需要输入部门代码、部门名称。设置部门代码便于按部门核算工资，按部门分类、汇总工资发放情况，提供部门核算资料，以及便于进行工资分配。设置部门代码也是设置人员工资系统其他代码及参数的基础。

注意：部门代码，应当按汇总关系从上向下按级输入，即体现父子关系。部门档案与其他系统（如总账等）是共享的，所以设置时应进行系统规划。

（2）人员类别设置。人员类别设置通常输入类别代码、类别名称。人员类别设置目的是对计算工资的人员分类，设置人员类别不仅能提供按不同的人员类别工资信息，便于按类别分类、汇总工资发放情况；而且与工资费用分配、分摊有关，人员类别设置后，工资费用将按人员类别进行分配和会计处理。

（3）工资项目设置。工资项目设置属于代码设置，就是设置工资结算单、工资汇总表的核算项目及属性，即定义工资项目的名称、类型和宽度，如设置基本工资、岗位工资、副食补贴等。企业可以根据实际需要设置工资项目。

如工资计算项目设置举例如表5-1所示。

表5-1 工资计算项目设置

序号	项目名称	类型	宽度	小数
01	职工编号	C	9	
02	部门	C	10	
03	姓名	C	8	
04	参加工作时间	D	8	
05	工龄	N	2	
06	日工资	N	6	2
11	基本工资	N	6	2
12	副食补贴	N	6	2
13	效益工资	N	6	2
14	工龄工资	N	5	2
15	交通费	N	8	0
16	洗理费	N	6	0
17	应发合计	N	6	2
33	事假天数	N	6	0
34	事假扣款	N	6	2
35	病假天数	N	6	2

序号	项目名称	类型	宽度	小数
36	病假扣款	N	2	0
37	代扣房租	N	6	2
38	代扣税金	N	6	0
39	扣养老金	N	6	2
40	扣款合计	N	6	2
90	实发工资	N	8	2

（4）工资项目计算公式设置。工资项目计算公式设置即属于参数设置，就是定义有关工资项目的计算公式，需要选择计算项目和输入该项目的计算公式。计算项目是计算公式计算结果存入的工资项目名称；计算公式是由常数、工资项目、加减乘除运算符号及有关函数组成的算术运算表达式。计算公式举例如表5-2所示。

表5-2　计算公式

序号	工资项目	计算公式
01	日工资	基本工资/20.5
02	工龄工资	工龄×0.5
03	应发合计	基本工资+副食补贴+效益工资+工龄工资+交通费+洗理费
06	事假扣款	事假天数×日工资
07	病假扣款	IIF（工龄≥10，病假天数×日工资×0.2，病假扣款）
08	病假扣款	IIF（工龄<10. AND. 工龄≥5，病假天数×日工资×0.3，病假扣款）
09	病假扣款	IIF（工龄<5，病假天数×日工资×0.5，病假扣款）
10	扣款合计	事假扣款+病假扣款+代扣房租+扣养老金+代扣税金
99	实发工资	应发合计-扣款合计

说明：该单位病假扣款按工龄分别为：

工龄在10（包括10年）年以上的，扣20%。

工龄在5~9年的，扣30%。

工龄未满5年的，扣50%。

由于工资项目计算公式设置必须在工资项目设置之后设置，所以将工资项目计算公式设置了列在代码设置之处。

（5）职员代码设置。职员代码设置即属于代码设置，也称人员档案设置。在工资系统中也属于初始数据录入；而且日常运行时涉及职工的增减变化也在此功能中完成。职员代码设置除了逐项输入职工编号、职工姓名等基本信息外，还可以输入有关工资项目的固定数据。

（二）设置代码的基本功能

代码及参数设置操作的基本功能包括：增加、修改、删除、查询、打印。

（三）用友软件工资子系统代码及参数设置的具体内容与操作

1. 系统代码及参数设置

用友软件工资系统代码及参数设置是在建立工资类别前或建立工资类别后但在关闭工资类别状态下进行设置。主要内容包括以下几方面。

（1）部门档案设置。选择系统应用平台的【基础设置】—【基础档案】—【机构人员】—【部门档案】功能进行设置。

（2）人员类别设置。选择系统应用平台的【基础设置】—【基础档案】—【机构人员】—【人员类别】功能进行设置。

（3）人员档案设置。选择系统应用平台的【基础设置】—【基础档案】—【机构人员】—【人员档案】功能进行设置。

（4）银行档案设置。选择系统应用平台的【基础设置】—【基础档案】—【收付结算】—【银行档案】功能进行设置。

2. 子系统代码及参数设置

（1）工资项目设置。用友软件工资子系统提供了一些必不可少的固定项目，如：【应发合计】【扣款合计】【实发合计】等；若账套设置了【扣零处理】，则系统在工资项目中自动生成【本月扣零】和【上月扣零】两个指定名称的项目；若选择了自动扣税功能，则系统在工资项目中自动生成【代扣税】项目。这些项目既不能删除也不能重命名，其他项目可根据实际情况定义或参照增加。工资项目设置的操作方法如下所述。

①选择系统应用平台的【人力资源】—【薪资管理】—【设置】—【工资项目设置】功能，系统会弹出【工资项目设置】窗口。

②在【工资项目设置】窗口，可以【增加】【删除】【重命名】项目。

注意：

①增减项中【增项】是指直接计入应发合计的项目，【减项】是指为直接计入扣款合计的项目，【其他】项不参与应发合计与扣款合计。

②设置的工资项目名称必须唯一，工资项目一经使用，数据类型不允许修改。

③用友软件工资子系统工资项目设置分两次进行。第一次是在建立工资类别前或建立工资类别后在关闭工资类别状态下进行设置的工资项目，这次设置将形成各个工资类别中的工资项目，这次设置应将所有工资类别涉及的所有工资项目全部进行设置。第二次是在建立工资类别之后并打开工资类别状态下进行设置，这次设置是在第一次设置的基础上为某一工资类别选择设置工资项目。

（2）工资类别设置。用友软件工资子系统如果选择了多类工资核算，则应当首先进行工资类别设置，即首先新建工资类别；而且各类别工资的信息设置和日常工资核算都必须打开工资类别。

工资类别设置的操作方法是：选择系统应用平台的【人力资源】—【薪资管理】—

【工资类别】—【新建工资类别】或【删除工资类别】功能进行设置。

打开工资类别的操作方法是：选择系统应用平台的【人力资源】—【薪资管理】—【工资类别】—【打开工资类别】。

（3）选择类别工资核算部门。选择类别工资核算部门是指在某工资类别下，选择该工资类别包括的核算部门，为其他工资资料的输入做好准备。

选择类别工资核算部门的操作方法是：选择系统应用平台的【人力资源】—【薪资管理】—【设置】—【部门设置】。

注意：

①在建立工资类别时，已经选择了核算部门，若选择正确可跳过此步；若选择的部门有误，可在此进行修改。

②如果没有所选的部门资料，需要关闭工资类别，选择系统应用平台的【基础设置】—【基础档案】—【机构人员】—【部门档案】功能进行部门档案设置。

③选择类别工资核算部门，必须打开工资类别。

（4）发放次数设置。选择系统应用平台的【人力资源】—【薪资管理】—【设置】—【发放次数管理】功能进行设置。

（5）人员附加信息设置。选择系统应用平台的【人力资源】—【薪资管理】—【设置】—【人员附加信息设置】功能进行设置。

（6）设置工资类别人员档案。此处人员档案设置是用于登记工资发放人员的姓名、职工编号、所在部门、人员类别等信息以及职工的增减变动、工资项目的固定数据等资料。人员档案的基本信息在基础设置时已经设置完成，此处人员档案设置是为参加工资核算增减具体的职工。在日常工资核算业务中的人员增减及变动也在此进行数据处理。

类别工资人员档案设置具体操作方法是：选择系统应用平台的【人力资源】—【薪资管理】—【设置】—【人员档案】功能，系统弹出【人员档案】窗口；在【人员档案】窗口，可以完成【增加人员】并输入有关参数操作，也可以完成【删除】或【修改】人员的操作。

注意：设置工资类别人员档案，必须打开工资类别。

（7）选择工资类别的工资项目。在前面的工资项目设置中，已经设置了本企业各类工资类别所需的全部工资项目，在这里将根据本工资类别的特点选择所需的工资项目，并在此基础上为工资项目设置计算公式。

选择工资类别的工资项目的具体操作方法是：选择系统应用平台的【人力资源】—【薪资管理】—【设置】—【工资项目设置】功能，系统弹出【工资项目设置】窗口；在【工资项目设置】窗口，可以完成【增加】或【删除】工资项目。

注意：

①选择工资类别的工资项目，必须打开工资类别。

②选择工资类别的工资项目，只能参照【增加】工资项目，或【删除】工资项目不能修改（或重命名）工资项目。

（8）设置工资类别的计算公式。设置工资类别的计算公式的操作方法是：

①选择系统应用平台的【人力资源】—【薪资管理】—【设置】—【工资项目设置】功能，系统弹出【工资项目设置】窗口。

②在【工资项目设置】窗口选择【公式设置】页签。

③在【公式设置】页签，首先单击【增加】按钮，然后选择工资项目参照，选择一个工资项目，如选择：【事假扣款】。其次设置计算公式，设置计算公式的方法有三种：一是直接在公式定义文本编辑框中输入公式；二是根据公式设置页签中各列表框提供的内容选择设置；三是根据【函数公式向导】输入计算公式。

④单击【公式确认】按钮，确认该公式。

注意：

①设置工资类别的计算公式，必须在工资项目设置之后进行。

②设置工资类别的计算公式，必须打开工资类别。

③用友软件工资子系统设置工资类别的计算公式，必须在设置工资类别人员档案之后进行。

④定义公式时要注意公式的先后顺序，有的软件需设置公式序号，如果设置公式序号将决定计算的先后顺序；用友软件工资子系统没有设置公式序号，公式中左侧【工资项目】中的顺序将决定系统执行工资计算时的先后顺序。可通过点击上下箭头调整计算公式的顺序。

⑤通常提供查询、增加、删除、修改等具体功能。

⑥IIF 函数是工资系统中定义计算公式最常用的函数，它解决了有条件的计算问题。

三、工资软件录入初始数额

（一）工资软件初始数额录入的基本内容

工资软件初始数额录入的基本内容是当前每一个参加工资计算职工的基本数据。主要包括：职工编号、职工姓名、基本工资等固定数据。职工档案（代码）设置实际上也是工资软件初始数额录入。

（二）工资软件初始数额录入的基本功能

工资软件初始数额录入的基本功能包括职工增加、删除、修改等功能。

（三）用友软件工资子系统录入初始数额的操作

用友软件工资子系统前述工资类别人员档案既是代码设置，也是录入初始数据。录入初始数额就是工资类别人员档案设置，二者是同一个功能，主要用于登记工资发放人员的姓名、职工编号、所在部门、人员类别等信息以及职工的增减变动、工资项目的固定数据等资料。

用友软件工资子系统录入初始数额的具体操作方法是：选择系统应用平台的【人力资源】—【薪资管理】—【设置】—【人员档案】功能，系统弹出【人员档案】窗口；在【人员档案】窗口，可以完成【增加】人员并输入有关参数操作，也可以完成【删除】人员、【修改】人员、录入工资的固定数据的操作。

第二节　工资软件的日常运行

一、工资软件日常运行的基本内容

工资软件日常运行的基本内容是按数据处理对象分类的，主要包括职工增减变动处理、工资结算单处理、工资汇总表处理、个人所得税的处理、自动转账处理（用友软件称为工资分摊）。此外还包括银行代发处理、分款单处理等。

二、工资软件日常运行的具体功能

（一）职工增减变动处理

工资软件日常运行的职工增减变动处理需要收集与审核手工数据，如职工调入、调出、内部调动资料。

工资软件日常运行的职工增减变动处理就是完成参加工资计算的职工增加、减少、修改操作。

（二）工资结算单处理

工资软件日常运行的工资结算单处理功能包括以下几点。

1. 工资结算单处理

需要收集与审核手工数据，如职工考勤数据、职工调资数据、职工扣款数据、职工计件工资工作量数据等。

2. 工资结算单工资项目数据输入/修改

工资结算单工资项目数据输入/修改属于数据录入，工资项目数据录入包括：按人输入/修改，就是选择某一职工，显示当前某一职工全部工资项目的原有内容，逐项输入/修改该职工的有关工资项目数据；选项输入/修改，就是在全屏幕方式下选择输入或修改的项目，输入或修改所选项目某一个或某几个工资项目数据；替换输入/修改，就是输入计算项目、计算公式及计算条件，用计算公式的计算结果统一替换符合条件的职工的某一工资计算项目数据，实现工资项目数据的输入修改。如输入计算项目为"交通费"，输入计算公式为"交通费+10"，则执行该公式后，每个职工的交通费在原有的基础上都加上了10元。成批或定位输入/修改，就是按照输入的条件从人员档案中提取某个人或某一批人的数据进行工资项目数据输入/修改。

3. 工资结算单工资计算

工资结算单工资计算属于数据加工，就是按照工资子系统初始化中计算公式设置的内容计算每一个职工的计算工资项目。

4. 工资结算单数据的查询和打印

工资结算单数据的查询和打印属于数据输出。工资结算单数据的查询就是在屏幕上显示有关职工工资数据情况，包括全屏幕查询：鼠标拖动滚动条或按光标键查询；快速查询；输入查询条件直接定位或过滤查询等。工资结算单数据的打印就是按照工资核算系统初始化中定义的工资项目进行打印输出，打印时可以选择打印的范围及条件，打印工资结算单通常有三种形式可供选择：存档式工资结算单、表格式工资条、列项式工资条。

（三）工资汇总表处理

工资软件日常运行的工资汇总表处理功能包括以下几点。

1. 工资汇总表的工资汇总计算

工资汇总表的工资汇总计算属于数据加工，就是按照工资子系统初始化中部门档案设置或人员类别设置，汇总计算部门工资项目数据。

2. 工资汇总表数据的查询和打印

工资部门数据的查询和打印属于数据输出。工资汇总表数据的查询就是在屏幕上显示有关职工工资数据情况，包括全屏幕查询；鼠标拖动滚动条或按光标键查询；快速查询；输入查询条件直接定位或过滤查询等。工资汇总表数据的打印就是按照选择打印的范围及条件打印输出工资汇总表数据，打印时可以通常打印不同形式的工资汇总表。

（四）个人所得税的处理

工资软件日常运行的个人所得税的处理功能包括个人所得税的设置、计算、查询、打印、输出等。其中个人所得税的设置就是按照国家个人所得税的有关规定设置个人所得税的纳税基数、纳税起征点、纳税税率等。

（五）自动转账处理

自动转账是一个相对独立的子系统，作为相对独立的子系统运行的基本过程同其他系统一样，包括初始化、日常运行、特定处理（但自动转账通常无此项处理）。自动转账处理包括的"初始化"即"自动转账设置"，具体包括定义转账凭证、会计科目（及项目大类、项目）、金额（工资项目、分摊比例、部门名称、人员类别）等内容；自动转账处理包括的"日常运行"即"填制自动转账凭证"，具体包括生成转账凭证、修改转账凭证、保存转账凭证、查询转账凭证、打印转账凭证、删除转账凭证。

（六）其他日常运行的具体功能

其他日常运行的具体功能主要包括银行代发处理、分款单处理等具体功能。

三、用友软件工资子系统日常运行的具体操作

（一）职工增减变动处理

用友软件工资子系统是通过前述人员档案及工资类别人员档案设置实现的，前已述及工资类别人员档案设置属于代码设置也属于录入初始数额。用友软件工资子系统职工增减变动处理的具体操作方法有两种。

第一，选择系统应用平台的【基础设置】—【基础档案】—【机构人员】—【人员档案】功能，系统弹出【人员档案】窗口；在【人员档案】窗口，可以完成【增加人员】并输入有关参数操作，也可以完成【删除】人员、【修改】人员的操作。

第二，选择系统应用平台的【人力资源】—【薪资管理】—【设置】—【人员档案】功能，系统弹出【人员档案】窗口；在【人员档案】窗口，可以完成【增加人员】并输入有关参数操作，也可以完成【删除】人员、【修改】人员的操作。

（二）工资结算单处理的具体操作

1. 工资结算单工资项目数据输入/修改的具体操作方法

第一，选择系统应用平台的【人力资源】—【薪资管理】—【业务处理】菜单下的【工资变动】功能，系统会弹出【工资变动】窗口。

第二，在【工资变动】窗口显示所有人员所有工资项目，可以直接在此录入（输入/修改）有关工资项目数据。具体还可以采用以下具体操作方法。

（1）按人输入/修改。在【工资变动】窗口，单击工具栏上的【页编辑】按钮，或按右键菜单中的【页编辑】，系统显示【页编辑】窗口，在【页编辑】窗口对选定个人录入

有关工资项目数据。

（2）选项输入/修改。在【工资变动】窗口，单击【过滤器】下拉列表框，选择【过滤设置】，或在右键菜单中选择【项目过滤】，则系统弹出项目选择对话框，项目选择完毕，可单击【保存】按钮，在系统弹出的【过滤器名称】对话框中输入一个过滤器名称；若不想保存可直接单击【确认】按钮，则系统将这些选择工资项目显示到数据录入界面，在此界面可以对这些项目进行数据录入或修改。

（3）替换输入/修改。在【工资变动】窗口，单击工具栏上的【替换】按钮，系统显示【工资项数据替换】窗口，在【工资项数据替换】窗口中，【将工资项目】下拉列表框中，单击下拉箭头，选择替换的项目，如："加班费"；在【替换成】编辑框中输入替换的表达式，如："200"；在替换条件框中，选择替换的条件，如：【部门＝生产处】。输入完后单击【确认】按钮，有关数据将被替换。若不想替换可点击【取消】按钮，取消当前操作并返回。

（4）成批或定位输入/修改。在【工资变动】窗口，单击工具栏中的【筛选】按钮，系统显示【数据筛选】窗口。在【数据筛选】窗口，输入筛选条件后，单击【确认】按钮，系统将根据设置将符合条件的一批职工数据筛选出来，然后对该批职工进行工资项目的数据录入或修改。或在【工资变动】窗口，单击工具栏中的【定位】按钮，系统显示【人员定位】窗口，在【人员定位】窗口，选择按人员定位或按部门定位或模糊定位，输入部门名称、人员编号或姓名，单击【确认】按钮，系统自动移动到设定的部门或人员。

2. 工资结算单工资计算具体操作方法

在【工资变动】窗口，单击工具栏中【重新计算】按钮，计算工资数据。

如果工资变动后，没有进行工资数据的计算和汇总，那么在退出【工资变动】时，系统会提示是否进行工资计算和汇总。

在修改了某些数据，重新设置了计算公式，或者进行了数据替换等操作后，必须调用工资变动中的【重算工资】和【工资汇总】功能对个人工资数据重新进行计算汇总，以保证工资数据的正确性。

3. 工资结算单的查询和打印具体操作方法

工资结算单包括工资发放签名表、工资发放条、工资卡、条件明细表等由系统提供的原始表。工资发放签名表：即工资发放清单或工资发放签名表，一个职工一行，用于签名存档。工资发放条：为发放工资时，交给职工的工资项目清单，即工资条。工资卡：即工资台账，按每人一张设立卡片，工资卡片反映每个员工各月的各项工资情况。条件明细表：由用户指定条件生成的工资发放表。工资结算单的查询和打印具体操作方法是：选择系统应用平台的【业务工作】—【人力资源】—【薪资管理】—【统计分析】—【账表】—【工资表】或【工资分析表】功能，系统显示【工资表】或【工资分析表】窗口，选择查看的报表，单击【查看】按钮并按要求进行选择，单击【确认】后即显示查询的工资结算单，如工资发放签名表。单击工具栏中的打印按钮，可以打印工资发放签名表。

（三）工资汇总表处理的具体操作

1. 工资汇总表汇总

在【工资变动】窗口，在工资变动主界面，单击工具栏中【汇总】按钮，汇总工资数据。

如果工资变动后，没有进行工资数据的汇总，那么在退出【工资变动】时，系统会提示是否进行工资计算和汇总。

在修改了某些数据，重新设置了计算公式，或者进行了数据替换等操作后，必须调用工资变动中的【工资汇总】功能对个人工资数据重新进行计算汇总，以保证工资数据的正确性。

2. 工资汇总表的查询和打印具体操作方法

工资汇总表主要包括部门工资汇总表、人员类别工资汇总表、条件汇总表、条件统计表等由系统提供的原始表。部门工资汇总表：按部门进行的工资数据汇总。人员类别工资汇总表：按人员类别进行的工资数据汇总。条件汇总表：由用户指定条件生成的工资汇总表。条件统计表：由用户指定条件生成的工资统计表。

选择系统应用平台的【业务工作】—【人力资源】—【薪资管理】—【统计分析】—【账表】—【工资表】或【工资分析表】功能，系统显示【工资表】或【工资分析表】窗口，选择查看的报表，点击【查看】按钮并按要求进行选择，单击【确认】后即显示查询的工资汇总表，如部门工资汇总表。单击工具栏中的打印按钮，可以打印部门工资汇总表。

3. 工资类别汇总的查询和打印具体操作方法

在多个工资类别管理的情况下，若需要将所有类别的工资数据进行汇总，就需要使用工资类别汇总功能。系统以部门编号、人员编号、人员姓名为标准，将此三项内容相同人员的工资数据做合计。例如：需要统计每一个职工在所有工资类别中本月发放工资的合计数，或某些工资类别中的人员工资都由一个银行代发，希望生成一套完整的工资数据传送到银行，则可使用此项功能。工资类别汇总的具体操作方法如下。

（1）选择系统应用平台的【业务工作】—【人力资源】—【薪资管理】—【工资类别】菜单下【关闭工资类别】功能。

（2）选择系统应用平台的【业务工作】—【人力资源】—【薪资管理】—【维护】菜单下【工资类别汇总】功能，在显示的工资类别汇总对话框中，选择需汇总的工资类别，然后按【确认】按钮，系统将所选工资类别的数据进行汇总，并存储到系统自定义的工资类别【998汇总工资类别】。

（3）选择系统应用平台的【业务工作】—【人力资源】—【薪资管理】—【工资类别】菜单下【打开工资类别】功能，系统显示的【选择工资类别】对话框中，多了一个【998汇总工资类别】，选择该类别并打开即可实现工资类别汇总的查询和打印。

（四）个人所得税的处理的具体操作

1. 个人所得税的设置

（1）选择系统应用平台的【业务工作】—【人力资源】—【薪资管理】—【设置】菜单下【选项】功能，系统显示【选项】对话框。

（2）在【选项】对话框的【扣税设置】页签，单击【编辑】按钮。

（3）选择计税工资的【收入额合计】项目及扣税方式。

（4）单击【税率设置】按钮，按税法规定设置【纳税基数】及【纳税税率】。

2. 个人所得税的计算、查询、打印、输出等

用友软件工资子系统个人所得税报表包括个人所得税年度申报表、个人信息登记表、扣缴个人所得税报表和扣缴汇总报告表。

选择系统应用平台的【业务工作】—【人力资源】—【薪资管理】—【业务处理】菜单中的【扣缴所得税】功能，按要求进行操作即可完成个人所得税的计算、查询、打印、输出等处理。

注意：计税工资的【收入额合计】项目应当自行设置【计税工资】的工资项目，通常【应发合计】不适合直接作为【收入额合计】项目。

（五）工资分摊处理的具体操作

用友软件工资子系统将自动转账称为【工资分摊】处理，就是将当月发生的工资进行工资费用分配，及计提各种经费，并制作自动转账凭证，供总账系统登账使用。

1. 工资分摊设置

工资分摊设置定义转账凭证、会计科目（及项目大类、项目）、金额（工资项目、分摊比例、部门名称、人员类别）等内容，工资分摊设置的具体操作方法如下。

（1）选择系统应用平台的【业务工作】—【人力资源】—【薪资管理】—【业务处理】菜单中的【工资分摊】功能，单击【工资分摊设置】按钮，系统显示【分摊类型设置】窗口。

（2）【分摊类型设置】窗口，单击【增加】按钮，输入【计提类型名称】与【比例】。

（3）输入转账凭证的部门名称、人员类别、工资项目、会计科目、项目大类、项目、内容。

（4）单击【保存】按钮。

注意：

①工资项目应当自行设置【工资分摊】或【费用计提基数】工资项目，通常【应发合计】不适合直接作为【工资分摊】或【费用计提基数】工资项目。

②可以【修改】和【删除】工资分摊设置。

③工资分摊设置可以设置应付工资分摊、应付福利费计提、工会经费计提、职工教育经费计提和自定义工资项目分摊（如计提保险费）等。

2. 工资分摊

工资分摊就是填制工资分摊的自动转账凭证，具体包括生成转账凭证、修改转账凭证、保存转账凭证、查询转账凭证、打印转账凭证、删除转账凭证。

（1）选择系统应用平台的【业务工作】—【人力资源】—【薪资管理】—【业务处理】菜单中的【工资分摊】功能，系统显示【工资分摊】窗口。

（2）在【工资分摊】窗口，选择【计提费用类型】和【参与核算部门】，选择计提费用的月份和计提分配方式，选择是否费用分摊明细到工资项目，选择是否核算到项目，点击【确认】按钮显示【工资分摊一览表】，根据需要选择是否按【合并科目相同、辅助项相同的分录】，显示一览表。

在【工资分摊一览表】界面从下拉框中选择分摊类型，系统按选择的分摊类型显示其他一览表。

（3）点击【制单】按钮，生成当前所选择的一种【分摊类型】所对应的一张凭证。点击【批制】按钮，即批量制单，可一次将所有本次参与分摊的【分摊类型】所对应的凭证全部生成。

注意：在生成转账凭证的基础上可以修改、保存、查询、打印、删除转账凭证。

（六）其他日常运行的具体功能的具体操作

1. 银行代发处理

选择系统应用平台的【业务工作】—【人力资源】—【薪资管理】—【业务处理】菜单中的【银行代发】功能，按要求进行操作即可完成设置银行代发文件格式、设置银行代发磁盘输出格式、生成数据磁盘等处理。

2. 工资分钱清单处理

选择系统应用平台的【业务工作】—【人力资源】—【薪资管理】—【业务处理】菜单中的【工资分钱清单】功能，按要求进行操作即可完成【部门分钱清单】【人员分钱清单】和【工资发放取款单】工资分钱清单票面金额设置及统计。

第三节　工资软件的特定处理

一、工资软件的特定处理的基本内容

工资软件的特定处理的基本内容包括分期结转、数据备份、数据恢复、其他特定处理。具体功能同前所述。

二、用友软件工资软件的特定处理的具体操作

（一）月末处理

用友软件的【月末处理】就是【分期结转】。月末处理应当在会计期结束时进行，分期结转后将结束本月工资核算，并可进入下月的工资核算，具体操作方法如下。

选择系统应用平台的【业务工作】—【人力资源】—【薪资管理】—【业务处理】菜单中的【月末处理】功能，单击【确定】按钮，若符合结账要求，系统将进行结账，否则不予结账。

注意：执行该功能首先将当前月份工资数据形成历史文件，即本月工资数据为不可修改。然后自动生成下月工资数据，在生成下月工资数据过程中可以选择变动数据、计算数据、汇总数据清零。分期结转通常要先进行工资数据的备份，工资分期结转只能逐月进行。用友软件工资子系统月末处理后，可以进行反结账，反结账要选择取消结账的月份。

（二）账套输出

用友软件【账套输出】就是【数据备份】。具体操作如下：以系统管理员身份注册，进入系统管理模块；选择【账套】菜单下级的【输出】功能，弹出账套输出界面；在【账套号】处选择需要输出的账套，选择输出路径，点击【确认】按钮完成输出。系统提示输出是否成功的标识。

注意：只有系统管理员（Admin）有权限进行账套输出；如果将【删除当前输出账套】同时选中，在输出完成后系统会确认是否将数据源从当前系统中删除的工作；用友软件数据备份有账套输出、年度账输出和设置备份计划三种方式。

（三）账套引入

用友软件【账套引入】就是【数据恢复】。具体操作如下：以系统管理员身份注册，进入系统管理模块；选择【账套】的下级菜单【引入】功能；选择要引入的账套数据备份文件和引入路径，点击【打开】按钮表示确认。如想放弃，则点击【放弃】按钮。

注意：引入的账套将覆盖原有相同账套号的账套数据；引入以前的账套或自动备份的账套，应先使用文件解压缩功能，将所需账套解完压缩后再引入。

（四）其他特定处理

如用友软件提供了清除单据锁定、清除异常任务、上机日志、清退站点、刷新等其他特定处理功能。

（五）用友软件实验注意事项

附加信息（如参加工作时间等）设置与工资计算无关可以不设。

项目设置：工资项目有增项、减项、其他项。增项就是给职工加钱，自动加入应发合计，减项就是扣钱，自动加入扣款合计；要在没打开类别之前为各类工资设工资项目，打开类别设置项目只能是在没打开类别中设置的工资项目中选择；有些项目为系统项目不用设置，如应发合计、扣款合计、实发合计、本月扣零上月扣零、代扣税；增加项目可以用名称参照也可以自定义；人员档案设置完成后，才可以设置工资计算公式。

第六章　固定资产软件运行的基本过程

固定资产软件的基本功能包括固定资产增加、减少、变动处理，固定资产折旧处理以及固定资产转账处理。

固定资产软件运行的基本过程包括：固定资产软件的系统初始化、固定资产软件的日常运行、固定资产软件的特定处理。

第一节　固定资产软件的系统初始化

一、设置固定资产软件运行的有关参数

（一）参数设置的基本内容

1. 设置系统参数

设置系统参数主要包括：记账本位币具体参数、是否预置科目具体参数、有无外币核算具体参数、编码方案具体参数、数据精度具体参数等。

2. 设置固定资产子系统参数

设置固定资产子系统参数主要包括：设置系统启用日期、折旧信息、资产编码方案、总账系统接口信息等。

如用友软件固定资产参数设置的具体内容包括：约定与说明、折旧主要方法、折旧计算周期、剩余折旧提足方法、是否与总账系统进行对账、对账科目选择、固定资产类别编码方案、固定资产编码方案、固定资产使用部门与折旧对应科目设置、固定资产增减变动与对应科目设置、折旧计算公式设置等。

注意：固定资产子系统参数设置在不同的固定资产软件中有所不同。

（二）设置参数的基本功能

设置参数的基本功能包括设置与修改。

（三）用友软件固定资产子系统设置参数的具体内容与操作

1. 首次使用用友软件固定资产子系统设置参数的具体内容与操作

选择【业务处理】—【财务】—【固定资产】功能，使用用友软件固定资产子系统将自动进入初始化参数设置，具体操作如下所述。

（1）是否同意约定及说明。约定及说明显示的内容是该账套的基本信息和系统处理的一些基本原则，请检查确定初始化的账套是否是该账套，若正确选择【我同意】；若选择【我不同意】将无法进行初始化工作。

（2）设置折旧信息。本账套是否计提折旧：如果是行政事业单位应用不选择该项；如果是企业单位应用，请选择该项。选择本系统主要折旧方法：选择后该折旧方法成为缺省的设置，将来对具体的固定资产可以重新选择折旧方法。

设置折旧汇总分配周期：企业在实际计提折旧时，不一定每个月计提一次，如：保险行业每3个月计提和汇总分配一次折旧。本系统提供1、2、3、4、6、12几个分配周期，可以按本单位实际情况选择确定折旧分配周期。

选择剩余折旧提足方法，如果选择了【当（月初月份＝可使用月份－1）时将剩余折旧提足（工作量法除外）】时，则当某资产使用到使用年限的最后一个月时，一次提取全部剩余折旧，并且不能手工修改；否则该月继续按公式提取，并且可手工修改，但若以后各月按照公式计算的月折旧率或额是负数时，认为公式无效，令月折旧率＝0，月折旧额＝净值－净残值。

（3）设置编码方式。设置资产类别编码方式：类别编码最多可设置4级（10位），系统推荐采用国家规定的4级6位（2112）编码方式。

设置固定资产编码方式：固定资产编号可以在输入卡片时手工输入，也可以选用自动编码的形式自动生成。若选择了【手工输入】，则在卡片输入时只能通过手工输入的方式录入资产编号；若选择了【自动编号】，可单击下拉列表框，从中选择一种编码方法，自动编号中序号的长度可根据资产的数量自由设定。

（4）设置财务接口。是否对账设置：若选中【与财务系统进行对账】，可以核对固定资产系统中所有资产的原值、累计折旧和总账系统是否相等；否则若不想与总账系统对账，可不选择该项。

对账科目选择：可参照总账系统的科目设置，选择固定资产和累计折旧科目。所选择的对账科目应与总账系统内的一级科目一致。

对账不平允许月末结账设置：如果希望严格控制系统间的平衡，并且做到两个系统录入的数据一致，则不能选中该项。

注意：初始化完成后，大部分内容不允许再修改，所以在确认无误后，再点击【完成】。

2. 选择【设置】菜单下【选项】功能设置参数的具体内容与操作

还有一些业务处理控制参数，可以在【选项】功能中进行修改或补充设置，具体操作方法如下所述。

选择【业务处理】—【财务】—【固定资产】—【设置】菜单下【选项】功能，进入【选项】窗口，【选项】窗口提供【与财务系统接口】【折旧】等页签。如在【与财务系统接口】页签，选择月末结账前一定要完成制单登账业务；选择固定资产、累计折旧缺省入账科目；选择业务发生后立即制单，若选择该项，则在业务完成后自动提示制作凭证，否则系统不控制制单的时间，可以在业务完成后统一批量制单。

在该【选项】窗口也可对初始化时设置的一些参数进行修改，但有些不允许修改。

3. 选择【工具】菜单中【重新初始化】功能设置参数的具体内容与操作

若发现系统不允许修改的参数设置不正确，而且必须改正，只能通过【工具】菜单中【重新初始化】功能实现，但应注意重新初始化将清除用户对该账套所做的一切工作。

4. 通过其他设置功能设置参数的具体内容与操作

（1）部门对应折旧科目设置。部门对应折旧科目是指计提折旧时所对应的成本或费用科目。一般情况下，某一部门的资产折旧费用将归集到一个比较固定的科目，所以部门折旧科目的设置就是给部门选择一个折旧科目，以便于按折旧科目汇总生成部门折旧分配表，从自动转账生成记账凭证提供依据。部门对应折旧科目设置具体操作方法如下所述。

①选择【业务处理】—【财务】—【固定资产】—【设置】菜单下【部门对应折旧科目设置】功能，系统显示【设置部门折旧科目】窗口。

②在【设置部门折旧科目】窗口的部门列表或部门目录中选择要设置科目或要修改科目的部门，然后单击工具栏上的【修改】，参照选择或输入科目编码。

③单击工具栏上【保存】按钮，或单击鼠标右键菜单中的【保存】即可。

注意：部门对应折旧科目设置属于参数设置，但是必须在部门代码设置之后进行。

（2）折旧方法设置。折旧方法设置属于参数设置。折旧方法设置是系统自动计算折旧的基础。系统给出了常用的六种折旧方法：不提折旧、平均年限法（一）、平均年限法（二）、工作量法、年数总和法、双倍余额递减法，并列出了它们的折旧计算公式。这几种方法是系统缺省的折旧方法，只能选用，不能删除和修改。另外可能由于各种原因，这几种方法不能满足需要，系统提供了折旧方法的自定义功能，用户可以定义自己合适的折旧方法的名称和计算公式，具体操作方法如下所述。

①选择【业务处理】—【财务会计】—【固定资产】—【设置】菜单下【折旧方法】功能。

②单击工具栏上【增加】按钮，系统显示【定义折旧方法】窗口，屏幕显示折旧定义窗口。

③输入【折旧方法名称】，双击项目目录中的项目，选择组成月折旧额和月折旧率的自定义公式。

④单击【确定】按钮，即可完成新折旧方法定义。

二、设置固定资产子系统必要的项目代码

(一) 代码设置的基本内容

1. 系统代码

系统代码主要包括如部门档案等。

2. 固定资产子系统代码及参数

固定资产子系统代码除了包括部门档案等系统代码外，还包括如固定资产卡片项目、固定资产卡片样式、固定资产分类、固定资产使用状况、固定资产增减方式、固定资产折旧方法等。

固定资产系统代码设置内容及说明如下所述。

(1) 部门代码设置。部门代码也称部门档案，就是设置固定资产使用的本单位内部部门，需要输入部门代码、部门名称。设置部门代码便于按部门核算固定资产，按部门分类、汇总固定资产使用情况，提供部门核算资料，以及便于进行折旧的计算分配。设置部门代码也是设置固定资产系统其他代码及参数的基础。

注意：①部门代码，应当按汇总关系从上向下按级输入，即体现父子关系。②部门档案与其他系统（如总账等）是共享的，所以设置时应进行系统规划。

(2) 固定资产卡片项目定义。固定资产卡片项目是固定资产卡片上用来记录固定资产资料的栏目，如：资产编号、名称、原值、使用年限、折旧方法等。不同单位，固定资产卡片项目有可能不同，可以通过增加、修改、删除得到本单位所需要的卡片项目。

(3) 固定资产卡片样式定义。固定资产卡片样式是指由固定资产卡片项目组成固定资产的全部数据内容及格式，包括：固定资产卡片项目与格式（是否有表格线、对齐形式、字体大小、字形）等。不同单位或不同的资产类别，由于管理的内容和侧重点不同，固定资产卡片项目有可能不同，为此需要定义卡片样式。

(4) 固定资产类别设置。固定资产的种类繁多，规格不一，要强化固定资产管理，及时准确做好固定资产核算，必须科学地对固定资产进行分类，为核算和统计管理提供依据。企业可根据自身的特点和管理要求，确定一个较为合理的资产分类方法，可以通过增加、修改、删除得到本单位所需要的固定资产类别。

(5) 增减方式设置。增减方式包括增加方式和减少方式两类。资产增加或减少方式用以确定资产计价和处理原则，同时可以通过资产的增加或减少方式对固定资产增减进行汇总管理。通常固定资产软件提供了部分固定资产常用的增减方式，可以根据需要自行增加，也可对已有方式进行修改和删除。

(6) 使用状况设置。从固定资产核算和管理的角度，需要明确固定资产的使用状况，一方面可以正确地计算和计提折旧；另一方面便于统计固定资产的使用情况，提高资产的

利用效率。可以根据需要增加、修改、删除固定资产的使用状况。

（二）设置代码的基本功能

代码及参数设置操作的基本功能包括增加、修改、删除、查询、打印。

（三）用友软件固定资产子系统代码及参数设置的具体内容与操作

1. 系统代码及参数设置

选择系统应用平台的【基础设置】—【基础档案】—【机构人员】—【部门档案】功能进行部门档案设置。

2. 子系统代码及参数设置

（1）固定资产卡片项目定义。

①增加卡片项目。

第一，选择【业务处理】—【财务会计】—【固定资产】—【卡片】菜单中【卡片项目】功能，系统显示【卡片项目】窗口，该窗口左侧为项目列表，项目为分系统项目和自定义项目两大类。

第二，在【卡片项目】窗口，单击工具栏上【增加】按钮，输入新增卡片项目的各项内容，如：新增【资产成新率】的名称、类型、长度、小数位，对于数值型项目，可以【定义项目公式】，如输入："（原值-累计折旧）/原值"。

第三，单击【保存】按钮，可看到上述项目已增加到自定义项目之下。

②修改项目名称。在【卡片项目】窗口，在项目列表中选择要修改的项目，然后单击工具栏上的【修改】按钮，直接修改卡片项目的内容即可。

通常只能修改自定义项目的部分属性。

③删除项目。在【卡片项目】窗口，在项目列表中选中要删除的项目，用鼠标单击工具栏上【删除】按钮，当屏幕提示【确定要删除该项目】，单击【是】即可成功删除该项目。

（2）固定资产卡片样式定义。在自定义卡片样式之前，建议先查看一下系统提供的通用样式，看是否适合使用，可以在此基础上进行修改定义新的样式。

①查看通用卡片样式。选择【业务处理】—【财务会计】—【固定资产】—【卡片】菜单中【卡片样式】功能，系统显示【卡片样式】窗口。

该卡片样式包括7个页签：

【固定资产卡片】标签是固定资产的主卡，有关资产的主要信息均在该页显示，可以通过各种操作定制该页的样式，包括包含的项目、项目的位置、边框线、格式等等。

【附属设备】标签用来记录资产的附属设备信息，附属设备的价值已包含在主卡价值中。

【大修理记录】标签用来记录资产的大修理信息。

【资产转移记录】标签用来记录资产在单位内部各使用部门之间转移的信息。

【停启用记录】标签用来记录资产的停用和启用信息。

【原值变动】标签用来记录资产的价值变动信息。

【减少信息】标签用来记录资产进行资产减少的信息。

②新建卡片样式。在【卡片样式】窗口，单击工具栏上【增加】按钮，系统将提示【是否以当前卡片样式为基础建立新样式】，单击【是】，显示卡片样式编辑界面。

第一，输入卡片样式的名称，如：【常用样式】。

第二，格式设置：是对卡片样式的行、列进行设置。包括行高设置、列宽设置、均行或均列、插入行或列、删除行或列等。如："2）调整卡片样式:"。

第三，项目设置：通过【编辑】下的【项目移入】【项目移出】来增加或删除卡片项目；如：点击左侧自定义项目【资产成新率】，将其选中，然后拖动到右侧的空单元格上，或选取工具栏【编辑】下的项目移入。

第四，项目位置调整：可通过选中某项目（被蓝框圈住），单击右键菜单中的【剪切】【复制】或直接拖动鼠标来调整项目位置。

第五，文字格式设置：是对卡片显示出的文字的字形、字体、格式、在单元格中位置等的设置，主要包括字体设置、大小设置、字形设置、折行设置、文字位置。

第六，边框设置：是对样式上各单元格的边框进行的设置。主要包括边框类型设置、边框线形设置等。

第七，设置完毕后，单击工具栏或右键菜单中的【保存】，即完成该样式的定义。

③修改卡片样式。当定义的样式或缺省的样式有不满意的地方时，可以通过卡片样式修改改变。

在【卡片样式】窗口的卡片样式目录中，选择要修改的卡片样式，用鼠标单击工具栏上【修改】按钮；屏幕显示该卡片样式，用户可在此卡片样式上进行修改；然后保存即可。修改的操作同新建卡片。

（3）固定资产类别设置。

①选择【业务处理】—【财务会计】—【固定资产】—【设置】菜单中的【资产类别】功能，系统显示【资产类别】窗口，在第一次进入时资产类别目录是空的。

②在【资产类别】窗口，单击工具栏上的【增加】按钮，系统显示单张视图界面，类别编码长度及位数在参数设置时已经定义，此处系统自动给出类别编号，若不正确可修改。

③按要求输入类别编码、名称、使用年限、净残值率、计量单位、计提属性、折旧方法、卡片样式。

④单击【保存】按钮。

如果用户要给某一类别增加下级类别，首先用鼠标在类别目录或列表中选中该类别，然后再用鼠标单击工具栏上【增加】按钮。

（4）增减方式设置。用友软件固定资产子系统缺省的增加方式主要有：直接购买、投资者投入、接受捐赠、盘盈、在建工程转入、融资租入；减少的方式主要有：出售、盘亏、投资转出、捐赠转出、报废、毁损、融资租出等。

①增加增减方式。

第一，选择【业务处理】—【财务会计】—【固定资产】—【设置】菜单中的【增减方式】功能，系统显示【增减方式】窗口。

第二，在【增减方式】窗口的增减方式目录中选中【增加方式】或【减少方式】；单击工具栏上【增加】按钮。

第三，输入增减方式名称和对应入账科目。此处设置的对应入账科目是为了生成记账凭证设置参数，例如：增加资产，以购入方式时该科目可能是【银行存款】，投资者投入时该科目可能是【实收资本】，该科目将缺省在贷方；资产减少时，该科目可能是【固定资产清理】，将缺省在借方。

第四，设置完毕后，单击【保存】即可。

②修改增减方式。在【增减方式】窗口中，从增减方式目录中选中要修改的方式，单击工具栏上的【修改】按钮进行修改，修改完成后单击【保存】即可。

③删除增减方式。在【增减方式】窗口中，从增减方式目录中选中要删除的方式，单击工具栏上的【删除】按钮，屏幕提示【确定要删除吗?】，选择【是】即完成对该方式的删除。

（5）使用状况设置。使用状况设置增加具体操作方法如下。

①选择【业务处理】—【财务会计】—【固定资产】—【设置】菜单中的【使用状况】功能，系统显示【使用状况】窗口。

②在【增减方式】窗口，从左侧目录中选中该状况，单击工具栏上【增加】按钮。

③输入增加的使用状况的名称；判断该使用状况的资产【是否计提折旧】。

④单击【保存】按钮。

注意：使用状况设置也提供修改、删除功能。

三、固定资产软件的初始数额录入

（一）固定资产初始数额录入的基本内容

固定资产软件初始数额录入就是录入固定资产的原始卡片，即固定资产系统启用日期期初的每一项固定资产，固定资产软件初始数额录入的基本内容包括：卡片编号、固定资产编号、名称、类别、使用部门、固定资产原值、累计折旧、净值、使用年限、已提折旧月份、折旧方法、净残值等。

（二）固定资产软件初始数额录入的基本功能

固定资产软件初始数额录入的基本功能包括：初始数额的增加、修改、删除、查询、打印、对账。

（三）用友软件固定资产子系统录入初始数额的操作

1. 选择步骤

（1）选择【业务处理】—【财务会计】—【固定资产】—【卡片】菜单中的【录入原始卡片】功能，系统显示资产类别选择界面，选择要录入的卡片所属的资产类别，选择资产类别是为了确定卡片的样式。

（2）选择资产类别后，系统显示【固定资产卡片】界面。

2. 录入内容

录入或参照选择各项目的内容。

（1）卡片编号：系统根据初始化时编码方案参数设置自动给出（可在选项中查询）。

（2）开始使用日期：指资产进入本单位开始使用的日期，它直接影响资产以哪种方式录入系统，也直接影响录入系统当月的折旧计提。

（3）已计提月份：已经计提过折旧的月份数，录入卡片时必须正确填写该项目，以后每计提折旧期间结账后，该项自动加"1"。已计提月份必须严格按照该资产已经计提的月份数，不包括使用期间停用等不计提折旧的月份，否则不能正确计算折旧。

（4）累计折旧：不包括本期应计提的折旧。

（5）原值：可能是原始价值、重置完全价值或评估价值。账套使用过程中发生原值变动的资产，其原值自动变成变动后的原值，包括资产评估造成的原值变动。

（6）附属设备表表页：用来管理资产的附属设备，附属设备的价值应已包含在主卡的原值中。附属设备可在资产使用过程中随时添加和减少，附属设备的价值不参与折旧的计算。

（7）大修理记录表表页：以列表的形式显示资产的大修理历史，第一次结账后或第一次做过与大修理相关的变动单后，根据变动单自动填写，不能手工输入。

（8）资产转移记录表表页：以列表的形式显示资产部门转移的历史，第一次结账后或第一次做过部门转移后根据变动单自动填写，不能手工输入。

（9）停启用记录表表页：以列表的形式显示资产使用状况的变动，第一次结账后或第一次做过与停启用相关的变动单后，根据变动单自动填写，不能手工输入。

（10）原值变动表表页：以列表的形式显示资产原值的各项变动，录入卡片时录入的内容不参与计算，第一次结账后或第一次做进原值变动单后，根据变动单自动填写，不能手工输入。

（11）减少信息表表页：资产减少后，系统根据输入的清理信息自动在此生成该表格的内容，该表格中只有清理收入和费用可以手工输入，其他内容不能手工输入。

注意：

①以上附属表页录入的内容只是为管理卡片设置，不参与计算。

②与计算折旧有关的项目录入后，系统会按照输入的内容将本月应提的折旧额显示在【月折旧额】项目内，可将该值与手工计算的值比较，看是否有录入错误。

③原值、累计折旧、累计工作量一定要录入月初数据，否则将会出现计算错误。

第二节　固定资产软件的日常运行

一、固定资产软件日常运行的基本内容

固定资产软件日常运行的基本内容是按数据处理对象分类的，主要包括资产处理、折旧处理、自动转账处理。资产处理包括资产增加、资产减少、资产变动，资产变动包括原值增加、原值减少、部门转移、使用状况变动、使用年限调整、折旧方法调整、净残值（率）调整、工作总量调整、累计折旧调整、资产类别调整、资产评估、资产盘点、资产减值等。

二、固定资产软件日常运行的具体功能

（一）固定资产增减变动处理

1. 固定资产日常变动

固定资产软件日常运行的固定资产增减变动处理需要收集与审核手工数据，如固定资产增加、减少、内部调动等变动资料。

2. 固定资产增加

就是固定资产软件启用日期之后，由于购进或通过其他方式增加企业固定资产时，固定资产软件日常运行过程中通过【资产增加】功能输入固定资产卡片资料。

3. 固定资产减少

就是固定资产软件启用日期之后，由于各种原因，如毁损、出售、盘亏等退出企业时，固定资产软件日常运行过程中通过【资产减少】功能将固定资产卡片资料另行保存。

注意：固定资产增加、减少处理主要是对卡片进行处理，对固定资产增加、减少处理过程中通常还提供卡片查询、卡片修改、卡片删除功能。固定资产卡片删除不同于固定资产减少，提出卡片的删除功能，是指把卡片资料彻底从系统内清除，通常卡片录入当月若发现卡片录入（资产增加）有错误，可以通过【卡片删除】功能实现删除该卡片。而固定资产清理或减少，固定资产减少的卡片资料将作为会计档案资料保留一定的时间。

4. 固定资产变动

固定资产在使用过程中，可能会调整固定资产卡片资料上的一些项目，如果固定资产变动的数据项目必须填制原始凭证（通常称为变动单），此类固定资产变动应当利用固定资产软件提供的固定资产变动功能进行处理。固定资产变动一般包括原值增加、原值减少、部门转移、使用状况变动、使用年限调整、折旧方法调整、净残值（率）调整、工作总量调整、累计折旧调整、资产类别调整、资产评估、资产盘点、资产减值等。

如果固定资产变动的数据项目不必填制原始凭证，如：名称、编号、自定义项目等，除了以上各项的其他一些项目的变动可直接在卡片上进行修改。

（1）原值变动。固定资产在使用过程中，以下一些情况资产原值有可能发生变化，如：根据国家规定对固定资产重新估价；增加补充设备或改良设备；将固定资产的一部分拆除；根据实际价值调整原来的暂估价值；发现原记录固定资产价值有误等。资产原值发生变动是通过【原值增加】和【原值减少】功能来实现的。

（2）部门转移。固定资产在使用过程中，通常会发生使用部门变动，发生使用部门变动如果不对其进行处理，将影响部门的折旧分配。固定资产使用部门发生变动是通过【部门转移】功能来实现的。

（3）其他变动处理。其他变动处理通常包括：使用状况变动、使用年限调整、折旧方法调整、净残值（率）调整、工作总量调整、累计折旧调整、资产类别调整、资产评估、资产盘点、资产减值等处理。

5. 固定资产账表的查询与打印

固定资产账表的查询与打印通常包括：固定资产账簿、固定资产统计表、固定资产分析表的查询与打印。分析表通常包括：资产使用状况分析表、固定资产部门构成分析表、固定资产类别构成分析表、固定资产价值结构分析表等。固定资产统计表通常包括：固定资产原值一览表、固定资产统计表、资产评估汇总表、资产评估变动表、固定资产盘盈盘亏报告表、逾龄资产统计表、役龄资产统计表。固定资产账簿通常包括：固定资产总账、部门明细账、类别明细账、单个固定资产明细账、固定资产登记簿；固定资产账簿查询提供了总账与明细账与原始凭证联查功能。

（二）固定资产折旧处理

固定资产折旧处理就是根据录入系统固定资产资料，系统自动计算每项资产的折旧，每期计提折旧一次，并自动生成折旧分配表，根据折旧分配表可以填制自动转账记账凭证以及将本期的折旧费用自动登账。

影响折旧计算的因素有：原值、累计折旧、净残值（率），以及折旧方法、使用年限、使用状况等，由于在使用过程中上述因素可能发生变动，因此上述因素发生变动也要进行变动单处理。

固定资产折旧处理可以对折旧类报表进行查询与打印，以了解折旧的详细资料。折旧类报表一般包括：部门折旧计提汇总表、固定资产折旧计算明细表、固定资产及累计折旧表等。

（三）固定资产自动转账处理

固定资产需要自动转账处理的情况通常包括：资产增加、资产减少、涉及原值或累计折旧时卡片修改、涉及原值或累计折旧变化时资产评估、原值变动、累计折旧调整、折旧分配调整等。

自动转账是一个相对独立的子系统，作为相对独立的子系统运行的基本过程同其他系统一样，包括初始化、日常运行、特定处理（但自动转账通常无此项处理）。自动转账处理包括的【初始化】即【自动转账设置】，具体包括定义转账凭证、会计科目、金额（固定资产子系统自动转账设置通过部门对应折旧科目设置、增减方式设置中的增减方式名称对应入账科目设置实现）；自动转账处理包括的【日常运行】即【填制自动转账凭证】，具体包括生成转账凭证、修改转账凭证、保存转账凭证、查询转账凭证、打印转账凭证、删除转账凭证。

三、用友软件固定资产子系统日常运行的具体操作

（一）固定资产增减变动处理

1. 固定资产增加的具体操作方法

（1）选择【业务处理】—【财务会计】—【固定资产】—【卡片】菜单中的【资产增加】功能。

（2）选择要录入的卡片所属的资产类别。先选择资产类别是为了确定卡片的样式。如果在查看一张卡片或刚完成录入一张卡片的情况下，不提供选择资产类别，缺省为该卡片的类别。

（3）单击【确定】后，显示单张卡片编辑界面，录入或参照选择固定资产卡片各项目的内容。

（4）资产的主卡录入后，单击其他页签，输入附属设备及其他信息。附属页签上的信息只供参考，不参与计算。

（5）单击【保存】后，录入的卡片已经保存到系统。

因为是资产增加，该资产需要入账，所以可执行制单功能，单击制单按钮图标制作该资产的记账凭证。

注意：

①新卡片第一个月不提折旧，折旧额为空或零。

②原值录入的一定要是卡片录入月月初的价值，否则将会出现计算错误。

③如果录入的累计折旧、累计工作量不是零，说明是旧资产，该累计折旧或累计工作量是在进入本企业前的值。

④已计提月份必须严格按照该资产在其他单位已经计提或估计已计提的月份数，不包括使用期间停用等不计提折旧的月份，否则不能正确计算折旧。

2. 固定资产减少的具体操作方法

（1）选择【业务处理】—【财务会计】—【固定资产】—【卡片】菜单中的【资产减少】功能。

（2）选择要减少的资产，如果要减少的资产较少或没有共同点，则通过输入资产编号或卡片号，然后单击【增加】，将资产添加到资产减少表中。如果要减少的资产较多并且有共同点，则通过单击【条件】，屏幕显示的界面与卡片管理中自定义查询的条件查询界面一样。输入一些查询条件，将符合该条件集合的资产挑选出来进行减少操作。

（3）在【资产减少表】内输入资产减少的信息，【减少日期】【减少方式】【清理收入】【清理费用】【清理原因】。如果当时清理收入和费用还不知道，可以以后在该卡片的附表【清理信息】中输入。

（4）单击【确定】，即完成该（批）资产的减少。

注意：

①所输入的资产的清理信息，清理收入和费用可以通过该资产的附属页签【清理信息】查看。

②若当前账套设置了计提折旧，则需在计提折旧后才可执行资产减少。

③查看已减少资产可以在【卡片管理】界面，从卡片列表上边的下拉框中选择【已减少资产】，则列示的即是已减少的资产集合，双击任一行，即可查看该资产的卡片。

④撤销已减少资产，资产减少的恢复是一个纠错的功能，当月减少的资产可以通过本功能恢复使用。通过资产减少的资产只有在减少的当月可以恢复。撤销已减少资产在【卡片管理】界面，选择【已减少的资产】，选中要恢复的资产，单击【恢复减少】即可。如果资产减少操作已制作凭证，必须删除凭证后才能恢复。

3. 固定资产卡片管理的具体操作方法

固定资产卡片管理是对固定资产系统中所有卡片进行卡片查询、修改、删除、打印的功能操作。通过卡片管理可完成以下功能：卡片修改、卡片删除、卡片打印、显示快捷信息、联查卡片图片、查看单张卡片信息、查看资产变动清单、查看卡片历史状态、查看已减少资产，查看卡片汇总信息。

查看卡片汇总信息即查看企业实际业务中的固定资产台账，固定资产系统设置按部门查询、按类别查询、自定义查询三种查询方式。

按部门查询卡片：从左边查询条件下拉框中选择【按部门查询】，目录区显示部门目录，选择【部门编码目录】，右边显示所有在役和已减少资产状况；选择要查询的部门名称，则右侧列表显示的就是属于该部门的卡片列表。在役资产和已减少资产可分别显示。

按类别查询卡片：从左边查询条件下拉框中选择【按类别查询】，目录区显示类别目录，选择【分类编码表】，右边显示所有在役和已减少资产状况；选择要查询固定资产类别，则右侧列表显示的就是属于该类别的卡片列表。在役资产和已减少资产可分别显示。

自定义查询：详细操作方法见自定义查询。

4. 固定资产变动的具体操作方法

（1）原值增加的具体操作方法。

①选择【业务处理】—【财务会计】—【固定资产】—【卡片】—【变动单】菜单中的【原值增加】功能，系统显示固定资产变动单—原值增加界面。

②输入卡片编号或资产编号，自动列出资产的名称、开始使用日期、规格型号、变动的净残值率、变动前净残值、变动前原值。

③输入增加金额，参照选择币种，汇率自动显示。并且自动计算出变动的净残值、变动后原值、变动后净残值。如果缺省的变动的净残值率或变动的净残值不正确，可手工修改其中的一个，另一个自动计算。

④输入变动原因。单击【保存】按钮，即完成该变动单操作。卡片上相应的项目（原值、净残值、净残值率）根据变动单而改变。

注意：变动单不能修改，只有当月可删除重做，所以请仔细检查后再保存。可以选择【处理】菜单中【凭证】制作记账凭证。

（2）原值减少的具体操作方法。

①选择【业务处理】—【财务会计】—【固定资产】—【卡片】—【变动单】菜单中的【原值减少】功能，屏幕显示原值减少变动单界面。

②输入卡片编号或资产编号，自动列出资产的名称、开始使用日期、规格型号、变动的净残值率、变动前净残值、变动前原值。

③输入减少金额，参照选择币种，汇率自动显示，并且自动计算出变动的净残、变动后原值、变动后净残值。如果缺省的变动的净残值率或变动的净残值不正确，可手工修改其中的一个，另一个自动计算。

④输入变动原因。单击【保存】，即完成该变动单操作。卡片上相应的项目（原值、净残值、净残值率）根据变动单而改变。

注意：变动单不能修改，变动当月可删除重做，所以请仔细检查后再保存。可以选择【处理】菜单中【凭证】制作记账凭证。必须保证变动后的净值大于等于变动后的净残值。

（3）部门转移的具体操作方法。

①选择【业务处理】—【财务会计】—【固定资产】—【卡片】—【变动单】菜单中的【部门转移】功能，系统显示部门转移变动单界面。

②输入卡片编号或资产编号，自动列出资产的名称、开始使用日期、规格型号、变动前部门、存放地点。

③参照选择或输入变动后的使用部门和新的存放地点。

④输入变动原因。单击【保存】，即完成该变动单操作。卡片上相应的项目（使用部门、存放地点）根据变动单而改变。

注意：当月原始录入或新增的资产不允许做此种变动业务。

（4）其他变动处理的具体操作方法。其他变动处理通常包括：使用状况变动、使用年限调整、折旧方法调整、净残值（率）调整、工作总量调整、累计折旧调整、资产类别调整、资产评估、资产盘点、资产减值等处理。其他变动处理的具体操作方法与原值增加、原值减少、部门转移基本相同。

（5）变动单管理的具体操作方法。变动单管理是对固定资产变动生成的原始凭证——变动单进行查询、删除、打印功能操作。

选择【业务处理】—【财务会计】—【固定资产】—【卡片】—【变动单】—【变动管理】菜单中的【查看变动单】或【删除变动单】或【自定义查询】或【变动单打印】功能，可以完成其具体功能。

5. 固定资产账表的查询与打印的具体操作方法

选择【业务处理】—【财务会计】—【固定资产】—【账表】—【账表管理】—【查看账表】菜单中的【固定资产账簿】或【固定资产统计表】或【固定资产分析表】的具体账表名称，可以完成具体固定资产账表的查询与打印功能。

（二）固定资产折旧处理的具体操作方法

1. 工作量输入的具体操作方法

当固定资产采用使用工作量法计提折旧的时候，每月计提折旧前必须录入资产当月的工作量，本功能提供当月工作量的录入和以前期间工作量信息的查看。录入工作量操作方法如下。

（1）选择【业务处理】—【财务会计】—【固定资产】—【处理】菜单中的【工作量输入】功能，系统显示当月需要计提折旧，并且折旧方法是工作量的所有资产的工作量信息。

（2）如果本月是最新的未结账的月份，该表可编辑输入本月工作量。

（3）单击【保存】按钮，即完成工作量输入工作。

注意：

①输入的本期工作量必须保证累计工作量小于等于工作总量。

②用友软件固定资产子系统提供查询各期工作量和查询全年工作量。

2. 计提本月折旧的具体操作方法

用友软件固定资产子系统根据用户录入系统的资料自动计提各个资产当期的折旧额，并将当期的折旧额自动累加到累计折旧项目；并自动生成折旧分配表，根据折旧分配表可以制作记账凭证，将本期的折旧费用登记账簿。

选择【业务处理】—【财务会计】—【固定资产】—【处理】菜单中的【计提本月

折旧】功能，系统自动计算每项资产的折旧。

注意：

①用友软件固定资产子系统在一个期间内可以多次计提折旧，每次计提折旧后，只是将计提的折旧累加到月初的累计折旧，不会重复累计。

②如果上次计提折旧已制单把数据传递到账务系统，则必须删除该凭证才能重新计提折旧。

③计提折旧后又对账套进行了影响折旧计算或分配的操作，必须重新计提折旧，否则系统不允许结账。

3. 固定资产折旧表的查询与打印的具体操作方法

用友软件固定资产子系统折旧表包括折旧清单和折旧分配表。

折旧清单显示所有应计提折旧的资产所计提折旧数额的列表，单期的折旧清单中列示了资产名称、计提原值、月折旧率、单位折旧、月工作量、月折旧额等信息。全年的折旧清单中同时列出了各资产在 12 个计提期间中月折旧额、本年累计折旧等信息。

折旧分配表是编制记账凭证，把计提折旧额分配到成本和费用的依据。什么时候生成折旧分配凭证根据用户在初始化或选项中选择的折旧分配汇总周期确定，如果选定的是一个月，则每期计提折旧后自动生成折旧分配表；如果选定的是三个月，则只有到三的倍数的期间，即第 3、6、9、12 期间计提折旧后才自动生成折旧分配凭证。折旧分配表有两种类型：部门折旧分配表和类别折旧分配表，只能选择一个制作记账凭证。

固定资产折旧表的查询与打印的具体操作方法是：选择【业务处理】—【财务会计】—【固定资产】—【处理】菜单中的【折旧清单】或【折旧分配表】功能，可以完成具体固定资产账表的查询与打印功能。

注意：用友软件固定资产子系统提供根据折旧分配表制作记账凭证功能。在折旧分配表的查看状态下单击【制单】，可以完成生成固定资产折旧转账凭证。

（三）　固定资产自动转账处理的具体操作方法

用友软件固定资产子系统将自动固定资产称为【制单】处理，就是将当月发生的固定资产增减变动生成固定资产自动转账凭证，供总账系统登账使用。通常需要自动转账处理的情况包括：资产增加（录入新卡片）、资产减少、卡片修改（涉及原值或累计折旧时）、资产评估（涉及原值或累计折旧变化时）、原值变动、累计折旧调整、折旧分配。

1. 【制单】设置的具体操作方法

用友软件固定资产子系统自动转账凭证设置包括定义转账凭证、会计科目、金额等内容。用友软件固定资产子系统自动转账设置的具体操作方法如下。

（1）选择系统应用平台的【业务处理】—【财务会计】—【固定资产】—【设置】菜单中的【部门对应折旧科目设置】功能，进行自动转账的初始设置。

（2）选择系统应用平台的【业务处理】—【财务会计】—【固定资产】—【设置】

菜单中的【增减方式】功能，进行自动转账的初始设置。

注意：用友软件固定资产子系统自动转账设置只是初始设置。以此生成的转账凭证是根据不同的制单业务类型和在选项中设置的默认资产科目、折旧科目等生成的不完整的凭证，需要在【制单】过程中进行设置修改以生成正确的转账凭证。

2. 自动转账【制单】的具体操作方法

用友软件固定资产子系统、自动转账【制单】有以下三种具体操作方法。

（1）立即制单。如果在系统初始化过程中的参数设置【选项】中的【对账】设置了【立即制单】选项，则在完成任何一笔需制单的固定资产增减变动及折旧业务的同时，可以通过单击【制单】功能制作记账凭证传输到总账系统。

（2）选择【凭证】制单。如果在系统初始化过程中的参数设置【选项】中的【对账】没有设置【立即制单】选项，则在完成任何一笔需制单的固定资产增减变动及折旧业务之后，选择系统应用平台的【业务处理】—【财务会计】—【固定资产】—【处理】—【凭证】菜单中的【制作记账凭证】功能，生成自动转账凭证传输到总账系统。

（3）批量制单。如果在系统初始化过程中的参数设置【选项】中的【对账】没有设置【立即制单】选项，则在完成任何一笔需制单的固定资产增减变动及折旧业务之后，选择系统应用平台的【业务处理】—【财务会计】—【固定资产】—【处理】菜单中的【批量制单】功能，生成自动转账凭证传输到总账系统。

注意：

①用友软件固定资产子系统制单生成的转账凭证是有一部分缺省内容的不完整凭证。需要在【制单】过程中进行设置修改以生成正确的转账凭证。

②用友软件固定资产子系统自动转账处理还提供记账凭证修改、删除、查询功能。

第三节　固定资产软件的特定处理

一、固定资产软件的特定处理的基本内容

固定资产软件的特定处理的基本内容包括分期结转、数据备份、数据恢复、其他特定处理。具体功能同前所述。

二、用友软件固定资产软件的特定处理的具体操作

（一）月末结账

用友软件【月末结账】就是【分期结转】。

1. 具体操作方法

选择系统应用平台的【业务处理】—【财务会计】—【固定资产】—【处理】菜单中的【月末结账】功能，系统出现提醒对话框后，说明系统要自动进行的一系列处理；认真阅读无误后，单击【确定】按钮，系统就开始月末结账，直至完成。

2. 注意

（1）月末结账后，若发现已结账期间有数据错误必须修改，可通过【恢复结账前状态】功能返回修改。恢复月末结账前状态，又称【反结账】，选择系统应用平台的【业务处理】—【财务会计】—【固定资产】—【处理】菜单中的【恢复结账前状态】功能，系统出现提醒对话框后，单击【确定】按钮，系统就开始反结账，直至完成。

（2）用友软件固定资产子系统还提供对账功能。通过执行本系统提供的【对账】功能可以检查固定资产系统与总账系统的数据是否一致。用友软件固定资产子系统的【对账】操作不限制执行的时间，任何时候均可进行对账。系统在执行月末结账时自动对账一次，给出对账结果，并根据初始化或选项中设置判断确定不平情况下是否允许结账。只有系统初始化或选项中选择了与账务对账，【对账】功能才可操作。

（二）账套输出

用友软件【账套输出】就是【数据备份】。

1. 具体操作

（1）以系统管理员身份注册，进入系统管理模块。

（2）选择【账套】菜单下级的【输出】功能，弹出账套输出界面。

（3）在【账套号】处选择需要输出的账套，选择输出路径，单击【确认】按钮完成输出。系统提示输出是否成功的标识。

2. 注意

只有系统管理员（Admin）有权限进行账套输出。如果将【删除当前输出账套】同时选中，在输出完成后系统会确认是否将数据源从当前系统中删除的工作。用友软件数据备份有账套输出、年度账输出和设置备份计划三种方式。

（三）账套引入

用友软件【账套引入】就是【数据恢复】。

1. 具体操作

（1）以系统管理员身份注册，进入系统管理模块。

（2）选择【账套】的下级菜单【引入】功能。

（3）选择要引入的账套数据备份文件和引入路径，点击【打开】按钮表示确认。如想放弃，则点击【放弃】按钮。

2. 注意

引入的账套将覆盖原有相同账套号的账套数据。引入以前的账套或自动备份的账套，应先使用文件解压缩功能，将所需账套解完压缩后再引入。

（四）其他特定处理

如用友软件提供了对账、清除单据锁定、清除异常任务、上机日志、清退站点、刷新等其他特定处理功能。

第七章　财务会计信息化后的管理与维护

第一节　会计软件数据接口标准

一、制定标准的过程和意义

目前，在国内使用的会计软件有不同的种类，第一类是国外的会计软件或 ERP 中的会计模块；第二类是国内的商品化会计软件；第三类是一些定点开发或自行开发的项目型会计软件。各软件采用不同的数据库平台和独立设计的数据库结构，形成了自己的体系。由于各种软件之间不能互相交换数据，在各会计软件之间就形成了数据孤岛，这为其他需要会计数据的软件形成了障碍。为获取会计软件的数据，不得不采用各种方法实现，但从整个社会的角度讲，就是一种浪费，同时也影响了软件业本身的发展。

二、标准的主要技术内容

各种会计软件保存会计核算数据的数据模式不尽相同，但仍可从中归纳出其共有的数据模式。具体地讲，会计核算数据主要包括电子账簿、会计科目、科目余额、记账凭证、应收应付、工资、固定资产、报表等部分，它们之间既相互独立又密切相关，构成有机统一的会计核算体系和信息体系，这就为会计核算软件数据接口标准的建立奠定了基础。通过编制数据项目，按照一定的方式组织起来，就形成了标准的数据体系。标准数据输出的格式要求为 XML 格式。

三、使用会计软件接口标准能够达到的目的

（一）满足财政、审计、税务等有关部门对会计数据不同标准化的需要

现在，有关部门已经实现信息化管理，并应用于具体的业务管理工作。因此某些工作与企事业单位的会计数据有密切关系。如审计软件运行的前提是应用被审计单位的有关电

子数据（包括会计核算数据），但由于不同被审计单位的数据结构不同，采用的数据库系统也不同，这就需要通过会计数据接口进行。

政府或行业主管部门对有关部门会计信息进行汇总、分析，进行宏观管理。然而，由于历史原因和多种因素，完全采用同种软件可能在一定时期内有困难，甚至会长期存在多种软件并存的状况。如在一个集团企业，在集团总部和下属较大的单位，可能采用国外的一些大型 ERP 软件，而中型部分可能会采用国内的中型 ERP 软件，而在部分小型单位，则可能采用小型的会计软件。出于费用等多种因素，必然形成了多种软件并存的局面。通过会计数据标准接口，就可使软件的输出数据归一化，从而达到统一汇总、分析的目的，或用于其他方面。

（二）满足使用单位二次开发的需要

使用单位在应用软件上也可能存在多种软件并存的情况，如会计软件是一种，而采购、销售等是另一种，如此等等。因此，在会计软件与其他软件之间也需要接口。如果是集团企业，也有可能使用了多种会计软件，在此情况下，也需要对多种会计软件的数据进行统一的汇总、分析，或者用于内部审计、统计、计划等多个方面。

所以，本单位在需要时可进行其他软件的开发，并通过接口进行数据交换，避免每个软件作一个接口。

（三）满足其他相关软件的需要

现在，如会计师事务所、咨询公司、金融单位，在对具体单位进行审查、咨询、评估时，它们都要使用有关的业务分析和处理软件，这些软件需要以会计数据为基础，只有会计数据提供方的软件支持接口标准，才可以通过接口标准交换数据。

（四）满足使用单位建立会计数据资源库的需要

由于使用了会计软件，可能是几种的，也可能是一种。就是用一种，也有可能在企业发展后原来的软件不再使用而需要重新选择其他软件；即使是用一家的，限于软件所提供的功能，并不一定满足本单位对数据进行分析和管理的需要。

从长期看，建立本单位的会计数据资源库（或称数据仓库）十分有好处。通过会计软件数据接口标准，可以长期建立自己的会计数据资源库，不管是使用一家软件，还是几家软件，只要满足接口标准的要求，都很容易建立。在此基础上，采用有关的分析软件或编制相关软件就显得十分容易。

第二节　会计信息化档案管理

一、会计信息化档案管理的意义

会计信息化的档案主要是包括打印输出的各种账簿、报表、凭证、存储的会计数据和程序的存储介质，系统开发运行中编制的各种文档以及其他会计资料。会计信息系统的档案管理在整个会计信息化工作中起着重要的作用。

（一）良好的档案管理是信息化后会计工作连续进行的保障

会计信息系统的档案是会计档案的重要组成部分。会计档案是各项经济活动的历史记录，也是检查各种责任事故的依据。只有会计档案保存良好，才能连续反映单位的经济情况，才能了解单位经营管理过程的各种弊端、差错、不足，才能保证信息的利用，才能保证系统操作的正确性和系统的可维护性。

（二）良好的档案管理是会计信息系统维护的保证

在会计信息化后的档案中，各种开发文档是其中的重要内容。对信息化的会计系统来说，其维护工作有以下特点。

第一，理解别人写的程序通常非常困难，而且软件文档越不全、越不符合要求，理解就越困难。

第二，会计信息系统是一个非常庞大的系统，就是其中的一个子系统也是非常复杂的，而且还跨越了会计与计算机两方面的专业知识，了解与维护系统非常困难。

所以，如果没有保存完整的系统开发文档，系统的维护将非常困难，甚至不可能。如果出现这样的情况，将很可能带来系统的长期停止运转，严重影响会计工作的连续性。

（三）良好的档案管理是保证系统内数据信息安全完整的关键环节

当系统程序、数据出现故障时，往往需要利用备份的程序与数据进行恢复；当系统处理需要以前年度或机内没有的数据时，也需要将备份的数据拷贝到机内；系统的维护也需要各种开发文档。因此，保存良好的档案是保证系统内数据信息安全完整的关键环节。

（四）良好的档案管理是会计信息得以充分利用，更好地为管理服务的保证

让会计人员从繁杂的事务性工作中解脱出来，充分利用计算机的优势，及时为管理人

员提供各种管理决策信息是会计信息化的最高目标。俗话说："巧妇难为无米之炊。"对计算机来说也一样，计算机内没有相应的数据，什么样的分析数据也无法提供。因此，实现会计信息化的根本目标，必须要有保存完好的会计数据。只有良好的档案管理，才可能在出现各种系统故障的情况下及时恢复被毁坏的数据；只有保存完整的会计数据，才可能利用各个时期的数据，进行对比分析、趋势分析、决策分析等。所以，良好的档案管理是会计信息得以充分利用，更好地为管理服务的保证。

二、会计信息化档案管理的任务

（一）监督、保证按要求生成各种档案

按要求生成各种档案是档案管理的基本任务。一般来说，各种开发文档应由开发人员编制，会计部门应监督开发人员提供完整、符合要求的文档；各种会计报表与凭证应按国家的要求打印输出；各种会计数据应定期备份，重要的数据应强制备份；计算机源程序应有多个备份。

（二）保证各种档案的安全与保密

会计信息是加强经济管理、处理各方面经济关系的重要依据，绝不允许随意泄露、破坏和遗失。各种会计信息资料的丢失与破坏自然会影响到会计信息的安全与保密；各种开发文档及程序的丢失与破坏都会危及运行的系统，从而危及系统中会计信息的安全与完整。所以，各种档案的安全与保密是与会计信息的安全密切相关的，我们应加强档案管理，保证各种档案的安全与保密。

（三）保证各种档案得到合理、有效的利用

档案中的会计信息资料是了解企业经济情况、进行分析决策的依据；各种开发文档是系统维护的保障；各种会计信息资料及系统程序，是系统出现故障时，恢复系统，保证系统连续运行的保证。

三、会计信息化档案管理的方法

（一）会计信息化档案的生成与管理办法

计算机代替手工记账后，会计档案除指手工编制的凭证、账簿和会计报表外，还包括计算机打印输出的会计凭证、会计账簿、会计报表，存有会计信息的存储介质，会计信息系统开发的全套文档资料或商品化会计软件的使用与维护手册。对手工形成的会计凭证、

会计账簿和会计报表等会计档案，在此不再论述，可参见《会计档案管理办法》。

1. 记账凭证的生成与管理

计算机代替手工记账单位的记账凭证有两种方式。

（1）由原始凭证直接录入计算机，计算机打印输出。在这种情况下，记账凭证上应有录入员的签名或盖章，稽核人员的签名或盖章，会计主管人员的签名或盖章，有关姓名也可由计算机打印生成。收付款记账凭证还应由出纳人员签名和盖章。打印生成的记账凭证应视同手工填制的记账凭证，按《会计档案管理办法》的有关规定立卷归档保管。

（2）手工事先做好记账凭证，计算机录入记账凭证然后进行处理。在这种情况下，保存手工记账凭证与机制凭证皆可，如保存手工记账凭证，其处理与保管办法可按《会计档案管理办法》的有关规定进行处理与保管；如保存机制记账凭证，其处理与保管办法与由计算生成记账凭证的处理与保管办法相同。需要强调的是，在计算机记账后发现记账凭证录入错误时，保存手工记账凭证的，需同时保存为进行冲账处理而编制的手工记账凭证；保存机制记账凭证的，需同时保存进行冲账处理的机制记账凭证。

2. 会计账簿、报表的生成与管理

已由计算机全部或部分代替手工记账的，其会计账簿、报表以计算机打印的书面形式保存。其保存期限按《会计档案管理办法》的规定办理。但财政部的规定同时考虑到计算机打印的特殊情况，在会计资料生成方面进行了一些灵活规定，除要求日记账每天打印外，一般账簿可以根据实际情况和工作需要按月或按季、按年打印；发生业务少的账簿，可满页打印。现金、银行存款账可采用计算机打印输出的活页账页装订。

3. 存储介质的管理

存有会计信息的存储介质，在未打印成书面形式输出之前，应妥善保管并留有副本。一般说来，为了便于利用计算机进行查询及在会计信息系统出现故障时进行恢复，这些介质都应视同相应会计资料或档案进行保存，直至会计信息完全过时为止。

4. 系统开发的文档资料的管理

系统开发的全套文档资料，视同会计档案保管，保管期截至该系统停止使用或有重大更改之后的五年。

（二）会计信息系统档案管理制度

档案管理一般是通过制定与实施档案管理制度来实现的。档案管理制度一般包括以下内容。

第一，存档的手续。主要是指各种审批手续，比如打印输出的账表必须有会计主管、系统管理员的签章才能存档保管。

第二，各种安全保证措施。比如备份的刻录光盘上应贴写保护标签，存放在安全、洁净、防热、防潮的场所。

第三，档案管理员的职责与权限。

第四，档案的分类管理办法。

第五，档案使用的各种审批手续。比如调用源程序就应由有关人员审批，并应记录下调用人员的姓名、调用内容、归还日期等。

第六，各类文档的保存期限及销毁手续。比如打印输出账簿就应按《会计档案管理办法》的规定保管期限进行保管。

第七，档案的保密规定。比如任何伪造、非法涂改变更、故意毁坏数据文件、账册、存储介质等行为都将进行相应的处理。

四、会计信息化档案管理举例

（一）会计档案的收集和整理

1. 会计凭证的收集和整理

会计凭证是会计档案的重要组成部分，是记载经济活动的书面证明，是会计核算的重要依据。对凭证要做到装订整齐、完整、牢固、妥善保管，便于查阅。第一，要把所有应归档的会计凭证收集齐全。按凭证顺序号与本号检查有无短缺，机制凭证和手工凭证是否齐全，剔除不属于会计档案范围和没必要归档的一些资料，补充遗漏的必不可少的核算资料。第二，与主要负责凭证打印、装订工作的人员办理存档手续。第三，根据适当厚度按本统一装订，避免装订过厚或过薄，过厚则不好保管容易散失。第四，认真填好会计凭证封面，封面各记事栏是事后查找有关事项的最基础的索引和依据。

2. 会计账簿的收集和整理

会计账簿是指由计算机提供的打印功能打印出总账、明细账、日记账等会计账簿。根据人员的职责规定，各业务口的会计账簿由各业务经办人打印，分别保管。

年度终结时，必须将一年的会计账簿都打印出来统一整理，与档案管理员办理存档手续。检查打印的会计账簿是否按序号打印，是否有残缺、有遗漏。然后，将各账簿按照会计科目排列，加封面后装订成本。会计账簿封面的有关内容要写全。"单位名称"要写全称，"账簿名称"要写账簿的全称，不要写科目代码；"账簿页数"要写账的有效页数；会计主管人员和记账员都应盖章或签字。

3. 会计报表的收集和整理

会计报表是指由计算机根据主管部门统一规定设计格式打印出的外部报表。根据人员职责的规定，由主管报表的人员统一收集、整理和保存。年终，将全年的会计报表与档案管理员办理存档手续。在检查无误后，按时间顺序加封面后装订成册。封面要逐项写明报表名称、页数、日期等，经会计负责人审核盖章后，可归档保存。

4. 开发文档资料的收集和整理

会计信息系统开发的文档资料，视同会计档案保管。由开发人员根据系统开发进展程度统一收集、整理并交档案管理员存档。对于使用通用会计软件的单位，其所购买软件的使用手册、合同、软件等都应存档。

5. 存储介质数据的收集和整理

存储在硬盘上的会计数据必须建立存储介质备份。账务数据和报表数据的备份数据由系统管理员统一建立。备份次数每月不得少于一次。备份存储介质与档案管理员办理存档手续。用作备份的存储介质必须妥善保管。备份介质应贴上标签并用印章或封条签封。存储介质要存放在安全、洁净、防热、防潮、防磁的场所，并定期进行转存储。

（二）会计档案的保管和利用

第一，只有由会计软件提供的打印功能打印出的会计凭证、会计账簿、会计报表等核算资料，经过主管领导和管理员的签字或盖章认可，才能作为正式的书面档案资料保存。带有"查询"字样的会计凭证、会计账簿等会计核算资料不能作为正式的书面档案资料保存，有特别情况时，应附上说明并经主管领导签字确认。

第二，会计软件打印出的会计档案发生缺损时，必须补充打印，并由操作使用人员在打印输出的页面上签字或盖章注明，由管理员签字或盖章认可。

第三，各业务经办人与档案管理员办理存档手续，必须填写"档案移交登记表"，以明确责任。

第四，备份的存储介质在存档和查阅时，必须填写档案移交登记表和档案查阅登记表。磁（光）盘会计数据外借使用时，必须经主管领导批准，并只能使用备份介质的副本，正式备份介质不得外借使用。

第五，对于硬盘上的会计数据和作为正式档案备份介质上的数据不得直接进行非会计系统许可的任何操作。

第六，必须加强会计档案的保密工作，任何人如有伪造、非法涂改、故意毁坏数据文件、账册、备份存储介质和装有会计数据的计算机系统等行为，将受到行政处分，情节严重者，将追究其法律责任。

第三节　会计信息化后的维护

一、会计信息化后维护管理的意义

要使会计信息系统正常、稳定、高效地运行，就要求不断维护和优化核算系统；系统在设计中必然存在考虑不周的情况，系统在运行过程中也必然会出现各种问题，也要求对系统进行维护。现有统计资料表明：软件系统生命周期各部分的工作量中，软件维护的工作量一般占50%以上；现有的经验表明，维护工作要贯穿系统的整个生命周期，不断重复出现，直到系统过时和报废为止；现有的经验也表明，随着系统规模的扩大和复杂性的增加，维护费用在整个系统的建立与运行中的比例越来越大。维护是整个系统生命周期中最重要、最费时的工作。

系统维护包括硬件维护与软件维护两部分。软件维护主要包括正确性维护、适应性维护、完善性维护三种。正确性维护是指诊断和改正错误的过程；适应性维护是指当单位的会计工作发生变化时，为了适应而进行的软件修改活动；完善性维护是指为了满足用户增加功能或改进已有功能的需求而进行的软件修改活动。软件维护还可分为操作性维护与程序维护两种，操作性维护主要是利用软件的各种自定义功能来修改软件的一些参数，以适应会计工作的变化，操作性维护实质上是一种适应性维护，程序维护主要是指需要修改程序的各项维护工作。

二、会计信息化后的维护管理

（一）维护管理的任务和内容

会计信息系统的维护管理工作主要是通过制定维护管理制度和组织实施来实现。维护管理制度主要包括以下内容。

1. 系统维护的任务

（1）实施对硬件设备的日常检查和维护，以保证系统的正常运行。

（2）在系统发生故障时，排除故障和恢复运行。

（3）在系统扩充时负责安装、调试，直至运行正常。

（4）在系统环境发生变化时，随时做好适应性的维护工作。

2. 系统维护的承担人员

在硬件维护工作中，较大的维护工作一般是由销售厂家进行。使用单位一般只进行一些小的维护工作，会计部门一般不配备专职的硬件维护员，硬件维护员可由软件维护员担任，即通常所说的系统维护员。难度大一些的维护工作可交给信息中心完成。

对于使用通用化会计软件的单位，程序维护工作是由软件厂商负责，单位负责操作性维护，一般不配备专职维护员，而由指定的系统维护员兼任。

对于自行开发会计软件的单位一般应配备专职的系统维护员。系统维护员负责系统的硬件设备和软件的维护工作，及时排除故障，确保系统的正常运行；负责日常的各类代码、数据及源程序的改正性维护、适应性维护工作，有时还负责完善性的维护。

3. 软件维护的内容

软件维护的内容包括操作维护与程序维护。操作维护主要是一些日常维护工作，程序维护包括正确性维护、完善性维护和适应性维护。

4. 硬件维护的内容

（1）定期进行检查，并做好检查记录。

（2）在系统运行过程中，出现硬件故障时，及时进行故障分析，并做好检查记录。

（3）在设备更新、扩充、修复后，由系统管理员与维护员共同研究决定，并由系统维护人员实施安装和调试。

5. 系统维护的操作权限

操作权限主要是指明哪些人能进行维护操作，何种情况下可进行维护。主要包括以下内容：

（1）维护操作一般由系统管理员或指定的专人负责，业务操作员、档案管理员等其他人员不得进行维护操作，系统管理员可进行操作维护，但不能进行程序维护。

（2）不符合维护规定手续的不允许进行软件修改操作。

（3）在一般情况下，维护操作不应影响系统正常的运行。

（4）不得进行任何未做登记记录的软件、硬件维护操作。

6. 软件的修改手续

为了防止各种非法修改软件的行为，对软件的修改应有审批手续。修改手续主要包括以下内容：

（1）由系统管理员提出软件修改请求报告。

（2）由有关领导审批请求报告。

（3）以前的源程序清单存档。

（4）手续完备后，实施软件的修改。

（5）软件修改后形成新的文档资料。

（6）发出软件修改后使用变更通知。

（7）进行软件修改后的试运行。

（8）根据运行的情况做出总结并修改文档资料。

（9）发出软件修改版本后正式运行的通知。

（10）软件和源程序做新的备份，并同定稿的文档资料进行存档，这里的文档主要应包括：维护的审批人、提请人、维护人的姓名、维护时间、修改原因、修改的内容、修改后的情况。

（二）人员工作制度设计举例

第一，按时上下班，遵守作息制度；不得私自带无关人员进入服务器机房。

第二，带头执行各项管理制度。

第三，经常检查计算机，保持计算机、仪器和设备的清洁卫生；负责做好机房的清洁卫生工作。每天一次小扫除，每周一次大扫除，保持室内和周围环境的清洁卫生。

第四，对待业务人员要热情、耐心、礼貌，做好软件使用的服务工作。

第五，做好每天的工作记录，维护好计算机软件、硬件系统、外设和网络，保证计算机正常运行。

第六，定期或不定期地检查硬件和软件的运行情况。

第七，负责系统运行中硬件和软件的维护工作。

第八，负责系统的安装和调试工作。

第九，按规定的程序实施软件的完善性、适应性和正确性的维护。

第十，维护人员除实施数据维护外，不允许随意打开系统数据库进行操作，实施数据维护时不准修改数据结构，其他上机人员一律不准实施数据库操作。

第十一，坚持每周清查计算机病毒，保证所有计算机和存储介质无毒。

第十二，根据应用软件的需要安装和维护计算机系统软件。

第十三，管理好固定资产和消耗材料，做到数量金额相符。

第十四，下班前做好数据的备份工作（每个子系统的业务数据备两份）。

第十五，做好计算机硬件的保养和维护工作：维护计算机电源的正常工作，计算机电源配有断电保护的稳压电源或 UPS 电源。保证计算机电源电压在 220V±40V 范围，才能开机使用。系统安装时，连接电缆要接得牢固可靠，拧紧螺丝，避免在通电过程中拉断、拉脱电缆线。不随意搬动计算机，需要搬动时要注意保护，搬动后要检查设备的运行情况。一月以上未使用的计算机，应每月通电一次，以防计算机因长期不使用受潮损坏。坚持对计算机及外设的运行、故障、维修等情况进行完整的记录，保证每台计算机都有历史记录。若机房内发现有异常情况（异味、异声、烟雾、燃烧等）要及时处理（如切断电源等）。计算机网络服务器必须使用 UPS 电源，关机时，必须使用规定的命令退出网络。每天上下班时检查计算机软件、硬件系统的完好性，同时做好相应记录。

三、软件维护制度设计举例

（一）会计软件的维护与管理

第一，对于使用通用化会计软件的单位，程序修正和会计软件参数的调整一般由软件开发公司实施。

第二，程序修正与会计软件参数调整要办理相关手续。

第三，会计数据的修正与恢复必须严格控制。

第四，会计软件的升级。

经会计主管批准，由系统管理员组织，维护人员具体实施，并编写升级报告，形成文档进入档案。

第五，会计软件的管理。会计部门在取得会计软件后必须做好多套备份，分别存放在档案室、机房和财务人员办公室的专用柜内，存放在档案室的备份软件由档案管理员管理；存放在其他两处的备份软件由系统管理员统一保管。运行中的会计软件必须安装在计算机硬盘上，一般情况下不得重新安装。

（二）软件系统的安全与保护

第一，操作人员运行的会计软件必须是经过编译的程序；数据库文件必须设有密码。

第二，根据软件提供的功能和工作需要设置操作人员的操作权限和密码，操作人员必须对自己的操作密码严格保密，不得泄露。

四、计算机病毒防治

（一）计算机病毒概述

1. 计算机病毒的概念

计算机病毒是一种人为特制的小程序，通过非授权入侵而隐藏在可执行程序或数据文件中。当计算机系统运行时，源病毒能把自身精确拷贝或者有修改地拷贝到其他程序体内，具有相当大的破坏性。计算机病毒已经成为计算机犯罪的重要形式之一。

2. 计算机病毒的特征

（1）隐蔽性。计算机病毒研制者熟悉计算机系统的内部结构并有高超的编程技巧，它既可用汇编语言编写，也可用高级语言编写，设计出的程序一般都是不易被察觉的小程序。我们必须明确一点：设计病毒程序是一种犯罪行为。

（2）潜伏性。病毒具有依附其他媒体而寄生的能力。它可以在几周或几个月内在系统的备份设备内复制病毒程序而不被发现。

（3）传播性。源病毒可以是一个独立的程序体，它具有很强的再生机制，不断进行病毒体的扩散。计算机病毒的再生机制反映了病毒程序最本质的特性。

（4）激发性。在一定条件下，通过外界刺激可使病毒程序活跃起来。激发的本质是一种条件控制。如某个特定的日期或时间、特定的用户标志符或文件、用户的安全保密等级或一个文件使用的次数等，均可作为激发的条件。

（5）破坏性。病毒程序一旦加到当前运行的出现体上，就开始搜索可感染的其他程序，从而使病毒很快扩散到整个系统上。于是就破坏存储介质中文件的内容，删除数据，修改文件，抢占存储空间甚至对存储介质进行格式化等。计算机病毒可以中断一个大型计算机中心的正常工作或使一个大型计算机网络处于瘫痪状态，从而造成毁灭性后果。

3. 计算机病毒的分类

根据计算机病毒的入侵途径可将病毒分为以下几种。

（1）源码病毒。这种病毒在源程序被编译之前，插入用高级语言编写的源程序中。由于用高级语言编写病毒程序难度较大，所以这种病毒较少。

（2）入侵病毒。这种病毒入侵时，实际上是把病毒程序的一部分插入主程序。当病毒程序入侵到现有程序后，不破坏主程序就难以除掉病毒程序。

（3）操作系统病毒。这是最常见、危害性最大的病毒。它在系统运行过程中不断捕捉CPU 的控制权，不断进行病毒的扩散。这种病毒隐藏在被虚假地标明"损坏"的磁盘扇区内，或加载到内存的驻留程序或设备的驱动程序中，以便隐蔽地从内存储器进行传染和攻击。

（4）外壳病毒。这种病毒把自己隐藏在主程序的周围，一般情况下不对源程序进行修改，它通常感染可执行文件。

（二）计算机病毒的预防

计算机病毒的来源主要是外来的非法软件和外来存储介质，故应坚持以防为主的方针，对计算机加强管理，预防计算机病毒的感染。对计算机病毒的预防主要有如下措施。

第一，加强计算机使用管理，非使用者和外来人员不得随意用机，每次使用计算机后做好记录。

第二，对所有的计算机硬盘应保存其无毒时的分区表和引导扇区信息。

第三，对外来软件（含购买和拷贝的软件）在使用前必须使用防病毒软件杀毒。

第四，对不常使用和不用写入数据的软件、存储介质加强保护措施，防止病毒写入。

（三）清除计算机病毒的步骤

第一，使用计算机防病毒软件清除已知的计算机病毒。

第二，对引导型计算机病毒，用保存的无毒分区表和引导扇区覆盖被病毒感染的分区表和引导扇区。

第三，重新格式化带有病毒的存储介质。

第四，对硬盘，个别病毒要做低级格式化才能清除。

第八章　会计信息化发展的要求与趋势

第一节　我国的会计信息质量要求

以前，我国会计界并没有将会计信息质量特征作为专门的研究对象来研究，只是在有关的会计制度中，对编制财务会计报表规定了基本要求：数字真实，即必须以账户记录为依据；内容可靠，即不得臆造数据；项目齐全，即所有报表项目均需要列完整；编报及时，即月报、季报与年报必须在规定期限内报出，不得延误。

在我国，与会计信息质量特征类似的概念是会计原则。《会计信息质量要求》中规定了如下八条具体要求：

第一，可靠性。企业应当以实际发生的交易或者事项为依据进行会计确认、计量和报告，如实反映符合确认和计量要求的各项会计要素及其他相关信息，保证会计信息真实可靠、内容完整。

第二，相关性。企业提供的会计信息应当与财务会计报告使用者的经济决策需要相关，有助于财务会计报告使用者对企业过去、现在或者未来的情况做出评价或者预测。

第三，可理解性。企业提供的会计信息应当清晰明了，便于财务会计报告使用者理解和使用。

第四，可比性。企业提供的会计信息应当具有可比性，包括一致性。同一企业不同时期发生的相同或者相似的交易或者事项，应当采用一致的会计政策，不得随意变更。确需变更的，应当在附注中说明。不同企业发生的相同或者相似的交易或者事项，应当采用规定的会计政策，确保会计信息口径一致、相互可比。

第五，实质重于形式。企业应当按照交易或者事项的经济实质进行会计确认、计量和报告，不应仅以交易或者事项的法律形式为依据。

第六，重要性。企业提供的会计信息应当反映与企业财务状况、经营成果和现金流量等有关的所有重要交易或者事项。

第七，谨慎性。企业对交易或者事项进行会计确认、计量和报告应当保持应有的谨慎，不应高估资产或者收益、低估负债或者费用。

第八，及时性。企业对于已经发生的交易或者事项，应当及时进行会计确认、计量和报告，不得提前或者延后。

从这些要求或原则的内容上看，与国外的会计信息质量特征有很多相似之处，实质上就是我国的会计信息质量特征。只是与国外相比，没有划分层次，没有指出哪些是主要质量要求，哪些是次要质量要求，内涵不深刻，这就在一定程度上影响了会计信息的决策有用性。形成这一局面的原因主要是我国目前市场经济相对落后，资本市场不太发达、会计理论研究缺乏深度，以及会计信息使用者对信息质量要求不高。

在以后一段时间内，我国应借鉴美国等发达国家思路，在构建我国会计信息质量特征时以会计目标的实现为最终目的，以会计实践的可操作性为约束条件。我国会计信息的质量特征主要是公允性和可靠性，其中，公允性包括真实性和中立性，可靠性包括如实反映和可验证性。此外，可比性和及时性应作为理解信息和使用信息的次要特征。

公允性就是要求财务报表提供的信息能公平、公允地反映委托、受托双方的经济利益关系。在我国，会计信息还被认为具有利益协调或参与分配的作用。公允性是利益协调和分配所必须持有的基本立场；真实性要求财务报表信息真实地反映企业的经济现实。针对我国目前会计信息失真严重的实际情况，强调真实性，有利于维护委托方与受托方的经济利益，特别是有利于维护国家这一委托人的经济利益。如果物价变动剧烈，对经济活动造成较大影响，真实性还要求采用适当的物价变动会计模式，来消除财务报表信息的非真实性。中立性，就是不偏不倚地要求财务报表的提供者在具体加工、生成财务报表信息的过程中，不应偏袒任何一方的利益。财务报告的目的是为具有多种不同利益的信息使用者服务，没有一个预定的结果能符合所有使用者的所有利益，尽管会计人员提供信息时不可避免地会受到一些人为的干扰，但中立性要求企业决不能根据某一个或一类使用者的利益，预先确定了所期望的结果，再去选择信息来得到结果。

我国现阶段的会计信息在相关性和可靠性方面还存在着很多问题。从目前我国法律法规的角度看，我国会计信息的相关性和可靠性是兼顾的。新会计准则对信息有用性有着较为明确的要求："企业应当编制财务会计报告（又称财务报告）。财务会计报告的目标是向财务会计报告使用者提供与企业财务状况、经营成果和现金流量等有关的会计信息，反映企业管理层受托责任履行情况，有助于财务会计报告使用者做出经济决策。"但是，在我国企业经济决策不是主要依据会计信息的情况下，或者说信息使用者对会计信息的相关性要求并不很高时，会计信息的可靠性问题尤为突出。我国会计信息的可靠性一直是衡量会计信息质量的最重要标准，而多年来的会计信息失真问题总是困扰着各方面的信息使用者，与美国在信息可靠性问题大体已获得解决前提下更关注相关性有很大不同。因此，目前我国应主要强调会计信息的可靠性，在可靠的基础上再讨论相关性。随着我国资本市场的不断完善，会计改革及其国际趋同的不断加快以及信息使用者对会计信息理解能力的增强，我国会计信息的质量特征会日趋完善。

第二节　会计软件的发展趋势

一、高度模块化

软件系统在分析设计与开发过程中要保证各子系统、子系统中的各项功能，要使每个应用程序高度模块化，只有这样才可以实现对系统的自由剪裁和重新配置。对系统的剪裁不仅是对子系统的取舍，还包括对子系统内部各项功能的取舍，例如，对总账系统内部的数量账、银行账、部门账等功能的取舍，这样可以达到根据大、中、小型用户的不同需求配置系统的目的。

二、高可靠性和安全性

大规模系统、分布式应用、广泛的网络连接需要系统具有更高的可靠性和更强的安全控制。远程通信线路故障、多用户操作冲突、共享数据的大量分发与传递，需要会计信息系统有超强的稳定性，并能够对出现的各种意外情况进行正确处理。黑客入侵、越权操作等现象需要会计信息系统有健全的安全防线。对系统内部数据记录的存取及删改权限的管理，系统操作日志的建立都是必不可少的安全措施。

三、面向个性化的设计

软件所面对的是一个充满个性化的世界，不能要求所有企业都按同一模式运作。因此，新一代的会计软件需要有非常灵活的设计。在输出界面（包括文字、图形、图像、声音等）、运算公式、业务逻辑、业务关联等诸多方面都能留给用户足够的自由空间，允许用户通过设置和增值开发建立符合自己需求的应用系统。

跨国企业的管理和企业的跨国交易必然带来对会计软件多语种支持的需求。一套应用系统应当可以按照用户的设定，在不同的用户端显示不同语种的应用界面。由此还可以引申出另一种功能，即可以由用户自行设定应用系统输出界面上使用的术语和界面格局，形成个性化的用户界面，不同行业的用户也可以面对专业性更强的界面。

四、平台化趋势

会计软件的研制走过了两个阶段，从定制到通用。第一个阶段是项目定制阶段；在初期甚至现在还存在这种情况，由于缺乏需求和技术积累，开始一般都采取定制方式。这种方式的缺点是研发成本很高，不可能大范围采用。第二个阶段是通用产品阶段：当管理、技术、用户等积累到一定程度后，开始研制适应某行业的软件。由于通用软件产品的出现，大大降低了成本，使原来无法承受的单位也可以接受了。

会计软件平台化是必然趋势。在应用实施的过程中，用户的满意度越来越低。主要原因是，产品更新周期加快、市场响应要求提高，对个性化的要求越来越高。如何应对这种变化？显然，再去走定点开发的路是行不通的。现代的计算机技术和软件设计技术已经为我们创造了基本条件，那就是走软件的平台化之路。

在计算机刚开始出现时，要直接使用0和1（二进制数）来编制程序，这是最原始、最直接的方法。为了提高设计效率，简化程序设计，软件专家研制了汇编语言，之后大家就在这个平台上进行设计。当然人们并不满足于此，后来在汇编语言的基础上出现了C语言，在C语言的基础上又出现了DBASE、BASIC语言及现在的Visual Basic、Delphi、Power Builder、C++、NET开发平台等。实际上应用系统就建立在这些基础平台上。

那么，在语言平台与最终的应用软件之间是否还存在一个平台呢？回答是肯定的。经过多年的积累，人们已经总结出了业务的核心，其架构、业务模型、标准化的业务处理均是可封装的，如果把这部分封装起来，再开发出辅助这个平台的客户化工具，就可以形成业务化平台。同样，如果对会计软件进行分析、研究，将相关部分封装起来，再加上工具包，就可以形成平台化的会计软件。

平台化会计软件应该具备以下基本特征。①在数据库方面，具备标准化的基础，还能进行扩展。既满足通用的要求，同时又能够考虑再次进行客户化的要求。②软件架构灵活，能够增加其他客户化的模块，并能一体化运行。③核心业务、标准化程度高的业务要进行封装，对外是一个黑箱，只要调用即可。④接口标准化。在会计软件中，有许多接口，为了便于进行客户化，接口要标准化，防止升级时出现不兼容问题。⑤软件工具部件化。现代软件开发的一个大趋势就是软件部件化，提高可重用度。实际上，业务处理、业务逻辑、工作流等也是可以控件化的，这样在客户化过程中可以直接调用，提高定制效率，而且规范。⑥外围源代码开放。核心进行封装后，外围的源码代就能开放，这样在进行客户化时，就能非常密切地与其他软件嫁接。⑦与其他软件能较好兼容。在这个平台上进行客户化开发时，必然要应用或嵌入其他业务系统，所以要求有较好的兼容性。⑧具有规范的资源平台，使各种软件能够共享。

五、平台共存趋势

会计软件的平台共存体现在跨平台运行、支持多种应用系统数据交换、系统高度集成、分布式应用等几个方面。

（一）跨平台运行

随着不同平台的产生，会计软件需要实现跨平台运行。即同一套程序编码可以在多种硬件平台和操作系统上运行，以便企业可以根据业务需要和投资能力选择最合适的平台，并且帮助企业顺利实现不同应用水平阶段的平滑过渡。在企业建设管理系统初期，可能选择普通的 PC 机网络，投资相对较低。但随着应用规模的扩大，需要具有更强处理能力的硬件环境，如选择小型机、服务器等。这样，跨平台的软件系统显得十分具有优势，也能充分保护用户的投资。

（二）支持多种应用系统数据交换

不少企业已经建立了各自的应用系统。在电子商务时代，企业将会要求新系统也能与原有系统进行数据交换和集成，从而有效利用已有投资。例如，已经采用会计软件的用户，希望整个销售和生产管理系统也能与目前的会计信息系统数据共享。企业间（特别是企业与供应商之间、企业与客户之间）的数据交换将帮助企业有效提升整个供应链的竞争力。

（三）系统高度集成

进入系统的数据要能根据事先的设定以及管理工作的内在规律和内在联系，传递到相关的功能模块中，达到数据高度共享和系统的高度集成。

（四）分布式应用系统

新一代的会计软件系统是超大规模的，它将不再是集中在同一局域网络服务器上的系统，因此，支持分布式应用和分布式数据库是未来会计软件的一个特征。

六、面向电子商务应用

电子商务是指在全球各地广泛的商业贸易活动中，以电子及电子技术为手段，在开放的 Internet 网络环境下，基于浏览器/服务器模式，买卖双方不谋面地进行各种商贸活动，实现消费者的网上购物、商户之间的网上交易和在线电子支付，以及各种商务活动、交易活动、金融活动和相关的综合服务活动的一种新型的商业运营模式。通过电子商务，将原来传统的销售、购物渠道移到互联网上来，打破国家与地区之间有形无形的壁垒，使生产企业达到全球化、网络化、无形化、个性化、一体化。

随着电子商务技术的发展，企业各种对外的业务活动已经延伸到互联网上。新一代的会计软件应当支持 Internet 上的信息获取及网上交易的实现。电子商务关键在于经营。所以，新的系统要能从企业的实际出发来设计电子商务工作模式。

七、面向新的信息技术应用

物联网是新一代信息技术的重要组成部分。"物联网就是物物相连的互联网"。物联网的核心和基础仍然是互联网，是在互联网基础上延伸和扩展的网络；物联网的用户端延伸和扩展到任何物品与物品之间进行信息交换和通信。物联网是指通过各种信息传感设备，如传感器、射频识别技术、全球定位系统、红外感应器、激光扫描器、气体感应器等各种装置与技术，按约定的协议，把任何物品与互联网相连接，进行信息交换和通信，以实现对物品的智能化识别、定位、跟踪、监控和管理的一种网络，实现物与物、物与人，即所有的物品与网络的连接，方便识别、管理和控制。物联网是全球公认的继计算机、互联网与移动通信网之后的世界信息产业又一次新的信息化浪潮。物联网已经成为我国重点战略，将物联网列为五大必争产业制高点之一。

网域是物联网理念的延伸。人类社会、信息世界与物理世界组成了一个现实世界和虚拟世界的有机结合体，此结合体称为网域。

通过将感应器嵌入和装备到电网、铁路、桥梁、隧道、公路、建筑、供水系统、大坝、油气管道等各种物体中，并且被普遍连接，形成物联网，再将物联网与现有的互联网整合起来，实现人类社会与物理系统的整合，从而形成所谓的智慧地球。智慧地球网是以物联网时代的推广为方针发展而成的带网址导航、物联网门户、物联网电子商务为一体的服务型网络平台。智慧地球的核心是通过利用新一代信息技术，以更透彻的感知、更全面的互联互通、更深入的智能化方法来改变政府、公司以及人们相互交互的方式，以提高交互的明确性、效率、灵活性和响应速度。如今信息基础架构与高度整合的基础设施的完美结合，使得政府、企业和市民可以做出更明智的决策。智慧地球理念的推出，使信息技术深度融入现实世界的方方面面，出现了智能交通、智能电子政务、智能电网、智能建筑、智能供水系统、智能城市、智能社区等，这些实体的有机结合，构成了智慧地球的空域。在智慧地球的空域中，应用使人们生活在一个无处不有 IT 技术，特别是遥感网与互联网所营造的现实和虚拟世界中。可以相信，智慧地球将极大地提高工作效率，产生更大的社会和经济效益。

云计算是一种基于互联网的计算方式，通过这种方式，共享的软、硬件资源和信息可以按需提供给计算机和其他设备。狭义云计算指 IT 基础设施的交付和使用模式，通过网络以按需、易扩展的方式获得所需资源；广义云计算指服务的交付和使用模式，通过网络以按需、易扩展的方式获得所需服务。这种服务可以是 IT 和软件、互联网相关的，也可以是其他的服务。云计算的核心思想是，将大量用网络连接的计算资源统一管理和调度，构成一个计算资源池向用户按需服务。提供资源的网络被称为"云"。"云"中的资源在使用者看来是可以无限扩展的，并且可以随时获取，按需使用，随时扩展，按使用付费。这种特性经常被称为像使用水电一样使用 IT 基础设施。云计算为在线的任何一个用户提供无限扩大其占用社会信息技术和信息资源的能力，是一种基于数据中心、强调性价比、效能和可信的服务运营模式。云计算运营模式的实现，使信息技术和信息资源的使用效率与效益大大提升，它将改变信息技术和信息资源使用与服务模式。

随着信息技术的不断发展，物联网、智慧地球、网域、云计算的出现，会计行业、会计理论体系、会计实务、会计人员将面临新一轮的挑战，会计软件也将面临一个全新的开发与应用环境。如何适应新的技术环境、如何面对新技术对会计带来的各类挑战将是会计软件必须面对的考验。会计软件的发展将与信息技术的发展同步。未来的会计软件将在应用环境、数据处理流程、系统功能设计、软件开发平台、系统操作使用、安全控制等各个方面发生巨大的变革。

参 考 文 献

[1] 陈华．会计信息系统实训教程［M］．北京：北京师范大学出版社，2018.

[2] 程明娥，张圣利．高级财务会计［M］．长沙：湖南科学技术出版社，2018.

[3] 丁皓庆，冀玉玲，安存红．现代信息技术与会计教学研究［M］．北京：经济日报出版社，2019.

[4] 郭艳蕊，李果．现代财务会计与企业管理［M］．天津：天津科学技术出版社，2020.

[5] 韩吉茂，王琦，渠万焱．现代财务分析与会计信息化研究［M］．长春：吉林人民出版社，2019.

[6] 黄慧，杨扬．财务会计［M］．上海：上海社会科学院出版社，2018.

[7] 李华．企业财务会计［M］．杭州：浙江大学出版社，2018.

[8] 李晓光，马一宁，吴彤琳．现代财务会计理论体系构建与实务解析［M］．成都：电子科技大学出版社，2018.

[9] 盛强，黄世洁，黄春蓉．财务会计［M］．北京：北京理工大学出版社，2019.

[10] 孙义．会计电算化分岗位实训［M］．北京：高等教育出版社，2016.

[11] 王鹏，刘明霞．会计信息化［M］．石家庄：河北科学技术出版社，2018.

[12] 王志焕．财务管理学［M］．北京：北京理工大学出版社，2019.

[13] 温新生．现代财务会计与审计核算［M］．北京：九州出版社，2019.

[14] 徐丽伟．现代财务与会计实务［M］．北京：科学技术文献出版社，2018.

[15] 杨昆．会计信息化应用［M］．北京：北京理工大学出版社，2018.

[16] 于新茹，潘栋梁．现代财务会计理论及实践研究［M］．长春：东北师范大学出版社，2017.

[17] 张立伟，赵金燕．会计信息化实操［M］．沈阳：东北财经大学出版社，2017.

[18] 张琳，李迪．财务会计［M］．北京：国家行政学院出版社，2019.

[19] 郑新娜，唐羽，刘艾秋．会计信息化［M］．北京：北京交通大学出版社，2018.

[20] 郑永强．财务报表分析［M］．北京：中国铁道出版社，2018.

[21] 周虹，耿照源．会计学基础［M］．杭州：浙江大学出版社，2019.

[22] 朱光明．企业财务会计［M］．沈阳：东北财经大学出版社，2018.